思想的·睿智的·獨見的

經典名著文庫

策劃 楊榮川

五南圖書出版公司 印行

經典名著文庫

學術評議者簡介（依姓氏筆畫排序）

經典名著文庫101

論語

孔子弟子及再傳弟子 著
朱熹 注疏
杜明德 導讀・解題

經典永恆・名著常在

五十週年的獻禮・「經典名著文庫」出版緣起

總策劃 楊榮川

五南，五十年了。半個世紀，人生旅程的一大半，我們走過來了。不敢說有多大成就，至少沒有凋零。

五南忝爲學術出版的一員，在大專教材、學術專著、知識讀本出版已逾壹萬參仟種之後，面對著當今圖書界媚俗的追逐、淺碟化的內容以及碎片化的資訊圖景當中，我們思索著：邁向百年的未來歷程裡，我們能爲知識界、文化學術界做些什麼？在速食文化的生態下，有什麼值得讓人雋永品味的？

歷代經典・當今名著，經過時間的洗禮，千錘百鍊，流傳至今，光芒耀人；不僅使我們能領悟前人的智慧，同時也增深加廣我們思考的深度與視野。十九世紀唯意志論開創者叔本華，在其〈論閱讀和書籍〉文中指出：「對任何時代所謂的暢銷書要持謹慎的態度。」他覺得讀書應該精挑細選，把時間用來閱讀那些「古今中外的偉大人物的著作」，閱讀那些「站在人類之巔的著作及享受不朽聲譽的人們的作品」。閱讀就要「讀原著」，是他的體悟。他甚至認爲，閱讀經典原著，勝過於親炙教誨。他說：

「一個人的著作是這個人的思想菁華。所以，儘管一個人具有偉大的思想能力，但閱讀這個人的著作總會比與這個人的交往獲得更多的內容。就最重要的方面而言，閱讀這些著作的確可以取代，甚至遠遠超過與這個人的近身交往。」

爲什麼？原因正在於這些著作正是他思想的完整呈現，是他所有的思考、研究和學習的結果；而與這個人的交往卻是片斷的、支離的、隨機的。何況，想與之交談，如今時空，只能徒呼負負，空留神往而已。

三十歲就當芝加哥大學校長、四十六歲榮任名譽校長的赫欽斯（Robert M. Hutchins, 1899-1977），是力倡人文教育的大師。「教育要教眞理」，是其名言，強調「經典就是人文教育最佳的方式」。他認爲：

「西方學術思想傳遞下來的永恆學識，即那些不因時代變遷而有所減損其價值的古代經典及現代名著，乃是眞正的文化菁華所在。」

這些經典在一定程度上代表西方文明發展的軌跡，故而他爲大學擬訂了從柏拉圖的《理想國》，以至愛因斯坦的《相對論》，構成著名的「大學百本經典名著課程」。成爲大學通識教育課程的典範。

歷代經典．當今名著，超越了時空，價值永恆。五南跟業界一樣，過去已偶有引進，但都未系統化的完整舖陳。我們決心投入巨資，有計畫的系統梳選，成立「經典名著文庫」，希望收入古今中外思想性的、充滿睿智與獨見的經典、名著，包括：

- 歷經千百年的時間洗禮，依然耀明的著作。遠溯二千三百年前，亞里斯多德的《尼各馬科倫理學》、柏拉圖的《理想國》，還有奧古斯丁的《懺悔錄》。
- 聲震寰宇、澤流遐裔的著作。西方哲學不用說，東方哲學中，我國的孔孟、老莊哲學，古印度毗耶娑（Vyāsa）的《薄伽梵歌》、日本鈴木大拙的《禪與心理分析》，都不缺漏。
- 成就一家之言，獨領風騷之名著。諸如伽森狄（Pierre Gassendi）與笛卡兒論戰的《對笛卡兒沉思錄的詰難》、達爾文（Darwin）的《物種起源》、米塞斯（Mises）的《人的行爲》，以至當今印度獲得諾貝爾經濟學獎阿馬蒂亞．

森（Amartya Sen）的《貧困與饑荒》，及法國當代的哲學家及漢學家余蓮（François Jullien）的《功效論》。

梳選的書目已超過七百種，初期計劃首爲三百種。先從思想性的經典開始，漸次及於專業性的論著。「江山代有才人出，各領風騷數百年」，這是一項理想性的、永續性的巨大出版工程。不在意讀者的眾寡，只考慮它的學術價值，力求完整展現先哲思想的軌跡。雖然不符合商業經營模式的考量，但只要能爲知識界開啓一片智慧之窗，營造一座百花綻放的世界文明公園，任君遨遊、取菁吸蜜、嘉惠學子，於願足矣！

最後，要感謝學界的支持與熱心參與。擔任「學術評議」的專家，義務的提供建言；各書「導讀」的撰寫者，不計代價地導引讀者進入堂奧；而著譯者日以繼夜，伏案疾書，更是辛苦，感謝你們。也期待熱心文化傳承的智者參與耕耘，共同經營這座「世界文明公園」。如能得到廣大讀者的共鳴與滋潤，那麼經典永恆，名著常在。就不是夢想了！

二〇一七年八月一日　於

五南圖書出版公司

目次

《論語》導讀

西元前八百年到西元前二百年間，是人類思想史上極其輝煌的年代，以致於有西方學者將之稱爲「軸心突破」年代。在這個期間，希臘、以色列、印度和中國等地的人，對於宇宙和人生的體認及思維，都跳上了一個新的層次。希臘誕生了蘇格拉底、柏拉圖，建立了充滿智慧和思辨精神的西方哲學體系；以色列和印度地區的思想發展都與宗教相關，分別創生了基督教及佛教文化；中國則誕生了孔子，之後兩千多年，中國歷史文化的發展，深受孔子思想的影響，包括思想道統的形成、民族意識的凝聚及民族精神的展現，都受孔門言論的啟發。在這樣的層層積累下，逐漸融合成我們的民族性。

《論語》一書，正是孔門弟子記述孔子生活和孔子與弟子間的談話或與當時人的談話，以及弟子們相互間談話的記載，可以說是孔門師生的言行錄，是研究孔子學說及精神最重要的原始資料。因此，梁啟超在其著《論語》一書中，說《論語》「是二千年來中國人思想的總源泉，對後來中國文化所發生的影響，沒有第二本書可以和它比擬。」從這部寶典之中，我們可以講倫理道德的實踐，求人格修養的圓滿，也可以學知識道理的追求，探人生理序的確立，更可以建社會國家的秩序，在天地間安身立命。它不是宗教典籍，卻比宗教典籍更能安定人心，嚴格來說，它也不算哲學著作，卻比哲學著作更有智慧，可以說是我們人人都應該研讀的一本書。

孔子，名丘，字仲尼，西元前五五一年（魯襄公二十二年），夏曆八月二十七日出生於魯國鄒邑（今山東曲阜）。先世是宋國貴族，其六世祖孔父嘉是宋襄公的五世孫，屬於殷紂王庶兄微子的血統，所以孔子先祖的宗法世系，可以追溯到殷商開國君主商湯，孔子屢言自己是「殷人」，也是這個原因。不過，孔父嘉在一次宮廷政變中被華父督所殺，其子孫畏華氏之逼，亡逃魯國，從此公卿轉爲平民，家道中落。孔子父親叔梁紇（名紇，字叔梁），是當時著名的勇士，曾擔任鄒邑大夫，立有戰功。孔子母親顏徵在，在很年輕的時候，嫁給與自己有一定年齡差距的叔梁紇，生下了孔子，孔子年幼，叔梁紇即去世，孔子遂由母親照料長大。由於魯國原是周公的封地，保存較完善的成周禮樂制度，孔子在這樣的環境下成長，受到一定的薰陶。

孔子在成年以前，做過地方上的一些小吏，看管倉庫、管理牛羊，所以他曾說自己「吾少也賤，故多能鄙事。」（《論語・子罕》）大約從二十歲開始，孔子就開始教授生徒，漸漸嶄露頭角，有了一些聲望，甚而有魯國的貴族來向他求教。魯昭公二十五年（西元前五一七年），魯國發生政變，魯昭公敗逃齊國，孔子也跟著前往齊國，齊景公曾問政於孔子，但並未重用他。由於在齊不得志，孔子遂又返回魯國，致力於教育工作，這段時期應該是孔子教育生涯中最重要的階段。

魯定公九年（西元前五〇一年），孔子正式出仕，擔任魯國的中督宰，由於頗有政聲，一年後就升任司空，旋即又升任大司寇，位列三公，兼行相事。魯定公十年，魯齊兩國國君在夾谷盟會，齊國想趁機劫持魯君，幸賴孔子的臨機應變及事前的武力準備，才能化險爲夷。孔子在「夾谷之會」中，證明了自己的才幹，也提升了自己的政治地位，但後來孔子主導的「墮三都」卻功敗垂成。魯國的朝政，長期以來被季孫氏、叔孫氏、孟孫氏三家大夫把持，三家大夫在自己采邑中建有都城，是謂三都，孔子想要剷滅這樣的現象，但並未成功。之後，齊國餽女樂，季孫氏因之三日不上朝，魯國祭祀後，也不把祭肉分給孔子，孔子對魯國的政治狀況徹底絕望。

魯定公十三年（西元前四九七年），孔子五十五歲，率領一群弟子開始周遊列國。他所到之國有周、齊、衛、陳及楚國的葉地。或講學，或論政，或訪友，或尋求任用，當然也有三餐不濟、生命安全遭受威脅的時候，這段期間的歷練，也是孔子生命中重要的養分。《史記·孔子世家》記載，當孔子及弟子在陳、蔡之間絕糧，顏淵曾說：「夫子之道至大，故天下莫能容。雖然，夫子推而行之，不容何病，不容然後見君子！夫道之不修也，是吾醜也。夫道既已大修而不用，是有國者之醜也。不容何病，不容然後見君子！」這種氣魄與自信就很是令人敬佩。

魯哀公十一年（西元前四八四年），因著弟子冉求的推薦，季孫氏（季康子）派人迎孔子歸魯，孔子得以結束十多年漂泊不定的日子，回到故國，受到很優厚的禮遇，魯哀公、季康子都以元老的地位尊待他。不過這時孔子年事已高，也不願再參與政治活動，主要的精力還是用在授徒講學及文獻的整理，儒學思想的系統與開展、儒家典籍的整理與傳承是孔子晚年的主要成就。魯哀公十六年（西元前四七九年）夏曆四月己丑日，孔子離世，享年七十二歲。

《論語》就是孔子精彩一生的主要記載，其內容以記載孔子言論爲主，旁及孔子的行爲、儀態，乃至於飲食、衣服等，並附載孔子弟子的言論。《漢書·藝文志》言：「《論語》者，孔子應答弟子時人及弟子相與言而接聞於夫子之語也。當時弟子各有所記。夫子既卒，門人相與輯而論纂，故謂之《論語》。」可知此書主要是成於孔子弟子及再傳弟子之手，而此書之所以命名爲《論語》，則或許是「論纂夫子之語」的原因。近人陳大齊在《孔子學說》一書中主張：「在《論語》命名的時候，其用『論』、『語』兩字，應當與《論語》書所用『論』字與『語』字同其意義，不應當別做他解。」而綜合《論語》書中所用「論」、「語」兩字意義，則可知「《論語》書中所用『論』字，是『討論』的意思，所用『語』字，只是『告知』的意思。《論語》所載，以孔子言論爲主。而孔子言論可大別爲二類：一爲與人問答討論，二爲未經人問而自動告人。前一類正是『論』，後一類正是『語』，故書名《論語》者，意即孔子的『論』與『語』。」從《論語》內容的形式特色說明《論語》一書命名之因，其說可從。

在漢代，《論語》本有三個版本：一爲《魯論》，是魯人所學，共分二十篇，分篇與現在的通行本相同。二爲《齊論》，是齊人所學，有二十二篇，比《魯論》多〈問王〉、〈知道〉兩篇。三爲《古論》，是古文經的版本，得之於孔壁，把末篇〈堯曰〉拆成〈堯曰〉及〈子張〉兩篇，全書便有兩〈子張〉篇，共有二十一篇。漢人張禹原學《魯論》，兼學《齊論》，於二書之中擇其善者，合爲一書，稱《張侯論》，甚受歡迎，也就是我們現在看到的《論語》版本。原《魯論》、《齊論》、《古論》在《張侯論》出現後，漸漸遭廢棄而亡佚。

後代學者因爲《論語》的前十篇與後十篇，在篇章組織、記言體例、字彙常性等處頗有不同，而習慣將《論語》前十篇稱爲「上論」，後十篇稱爲「下論」，進而推論「上論」、「下論」並非同時結集，「上論」爲《論語》之初編，內容較純；「下論」爲《論語》之續編，內容較駁雜等。事實上，《論語》並非成於一人一時，內容本來就可能眞僞相混、純駁不一。加以時代久遠，在流傳過程中，篇章分合、錯置，乃至於竄入他書資料，亦不無可能。所謂「上論」、「下論」的諸多不同，許多都是比較而生的差異，未必代表「上論」內容全無問題，「下論」資料全不可信，這是我們在研讀《論語》時，必須謹愼判別的。

《論語》的核心思想在「仁」與「禮」，整部《論語》之中，「仁」字出現了一一〇次，「禮」字也出現了七十五次，可以看出這兩個字在《論語》占有極重要的地位。「仁」的重要性，在於它是君子所必備（「君子去仁，惡乎成名？君子無終食之間違仁，造次必於是，顚沛必於是。」〈里仁〉），也是志士仁人所必備（「志士仁人，無求生以害仁，有殺身以成仁。」〈衛靈公〉），更是一般人民所必備（「民之於仁也，甚於水火。水火，吾見蹈而死者矣，未見蹈仁而死者也。」〈衛靈公〉）。但是究竟何謂「仁」？從《論語》的章句記載來看，我們可以發現孔子對於「仁」，似乎沒有一個確定的說法。有很多弟子都問過孔子何謂「仁」，孔子對每位學生的回答都不相同，即使是同一個人問「仁」，孔子每次的說法也不一樣。不論是孔子「論」或「語」，「仁」似乎都有不同的風貌，但若具體加以分析，這些對於「仁」的不同說法，大多是針對特定的人和事，或者可以說是從不同的角度說明「仁」的各種表現，並不是「仁」眞正的內涵。

《說文解字》云：「仁，親也。從人，從二。」段玉裁在注解「仁」字時，特別說明「仁」是會意字，讀如「相人偶之人」、「人偶，猶言爾我親密之詞。獨則無偶，偶則相親，故其字從人二。」意思就是說，「仁」是人與人之間相處，因爲同理心而產生的同類情感，人與人之間自然會相親相愛。是以，「仁」的主要意涵，應該就是〈顏淵〉篇中，孔子回答樊遲的「愛人」兩字。人類是群居的動物，從出生的那一天起，就與自身之外的其他人產生密切的關係。當然，這種關係連結是先從自己的家人開始，也因此《論語》中有言：「孝弟也者，其爲仁之本與！」（〈學而〉）接著層層向外擴散，不論是親戚、朋友或社會群體裡的人，都可以透過「愛」來連結情感，如此一來，我們的人生就有了安定的秩序，社會國家也才能和諧、穩定與發展。從這個角度來看，「仁」展現出來的本質就是「愛人」，在與父母兄弟之間，就會發展出孝悌之道；與朋友之間，可以發展出信義之道；與社會國家之間，可以發展出忠勇之道。換句話說，「仁」便是眾德行的基礎，有仁愛之心，眾德行才有眞正的意義。同樣的，「仁」也是眾德的總稱，是由眾德合構而成的。明乎此，我們就可以明白何以《論語》中要用那麼多的章句來說明「仁」的內涵了。

至於實踐「仁」的具體方法，我們不妨參考〈里仁〉、〈雍也〉及〈衛靈公〉篇中的三段對話：

子曰：「參乎！吾道一以貫之。」曾子曰：「惟。」子出。門人問曰：「何謂也？」曾子曰：「夫子之道，忠恕而已矣。」（〈里仁〉）

子貢曰：「如有博施於民而能濟眾，何如？可謂仁乎？」子曰：「何事於仁，必也聖乎！堯舜其猶病諸！夫仁者，己欲立而立人，己欲達而達人。能近取譬，可謂仁之方也已。」（〈雍也〉）

子貢問曰：「有一言而可以終身行之者乎？」子曰：「其恕乎！己所不欲，勿施於人。」（〈衛靈公〉）

如果說孔子的學說即是「仁」學，而孔子之道可以「忠恕」貫之，我們就可以「忠恕」爲行「仁」的具體方法。何謂「忠」、「恕」呢？朱子的《論語集注》說：「盡己之謂忠，推己之謂恕。」可見忠者，就是心無二心，盡心守分的意思；恕者，則是推心度人，將心比心的意思。「忠」就是盡力爲人謀，中人之心，故爲忠；「恕」則推己及人，如人之心，故爲恕。「忠」是從積極的方面說，一己有欲立欲達之心而著實做去，便是忠，這是內在成己之學；「恕」是從消極的方面說，推一己有欲立欲達之心去立人達人，便是恕，這是外在成物（人）之學。眞正能做到「忠」與「恕」，也就是行「仁」了，若能再擴而大之，就是理想的「聖」的境界。我們可以用下面這張簡圖，釐清「仁」與「忠恕之道」的關係：

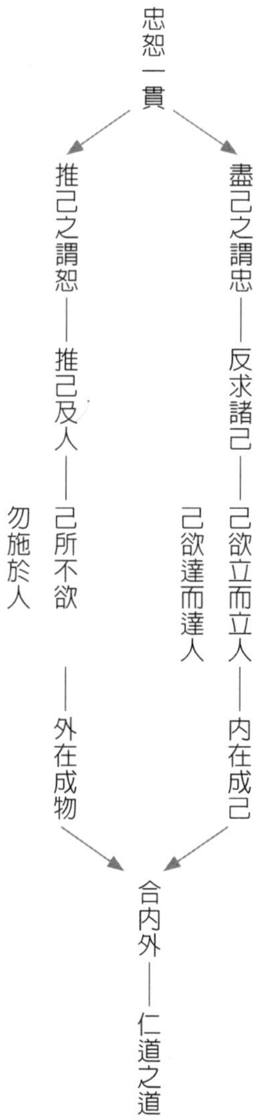

這樣來說，既成己，也成人，似乎很圓滿了。但實際運作起來，我們必須考慮現實問題：如果客觀條件有所限制，人己之間的分際如何拿捏？孔子在回答顏淵問仁的時候，便提出了「克己復禮爲仁」（〈顏淵〉）之說。「禮」是群體社會運作的規矩與秩序，所謂的「克己復禮」，就是當自己與他人、社會發生觀念、利益衝突時，我們要適度克制自己的私慾，使得秩序回到社會群體所共同遵守的規範上，這樣才能最大程度的「愛人」，從而使人我之間的矛盾降到最低，發展和諧的人際關係，也穩定社會國家的秩序。因此我們可以說，「仁」與「禮」是一體兩面，內在的愛人之心（「仁」），必須透過外在合宜的言行舉止（「禮」）來展現；外在的言行規範（「禮」），也必須訴求內在的「仁」心作依據。「仁」與「禮」的關係，我們可以用下面這張表來說明：

仁	禮
本質、內容	形式、準則
內心修養、品德素質	約定俗成、共同遵守的規範
內在自覺	外在約束
先	後
主	次

「禮」雖然也是儒家的核心思想之一，但大抵在孔子那個年代，「禮」的發展已經出現了「虛

文化」的危機。《左傳．昭公五年》有記：「公如晉。自郊勞至於贈賄，無失禮。晉侯謂女叔齊曰：『魯侯不亦善於禮乎？』對曰：『魯侯焉知禮！』公曰：『何為？自郊勞至於贈賄，禮無違者，何故不知？』對曰：『是儀也，不可謂禮。禮，所以守其國，行其政令，無失其民者也。』」〈昭公二十五年〉又記：「子大叔見趙簡子，簡子問揖讓周旋知禮焉。對曰：『是儀也，非禮也。』簡子曰：『敢問，何謂禮？』對曰：『吉也聞諸先大夫子產曰：夫禮，天之經也，地之義也，民之行也。』」如果我們認為外在的「儀」就是「禮」，而無法展現「禮」內在的「義」，則禮樂制度也就只是徒具形式的虛文，沒什麼眞正的用處了。因此在《論語》裡，我們可以看到很多探求「禮」的本質的篇章，也有許多探求「仁」、「禮」關係的論述，是很值得我們留意的。

在《論語》之中，除了「仁」與「禮」的討論，我們還可以特別關注它對於政治、教育及人格修養的章句。儒家的政治理論，明顯的期待「王道」，而所謂的「王道」，則是以「道德」為核心，既強調為政者的道德，也強調施行德政。在孔子晚年，季康子向他問政，他就一再強調：「政者，正也。子帥以正，孰敢不正？」（〈顏淵〉）、「子為政，焉用殺？子欲善，而民善矣。君子之德風，小人之德草。草上之風，必偃。」（〈顏淵〉）認為執政者要有良好的品德素養，才能以身作則。「德政」則是以「愛民」為優先，如在〈學而〉篇中，孔子主張「道千乘之國：敬事而信，節用而愛人，使民以時。」就是明例。而在〈顏淵〉篇裡，有若跟魯哀公說的：「百姓足，君孰與不足？百姓不足，君孰與足？」也是擲地有聲，不論在當時或現代，都算是一則深刻精闢的治國名言，足以為天下施政者戒。

《論語》中所記載的教育思想，最可貴的應是對於人性的信任，孔子雖然沒有討論人性善惡的問題，但他說「性相近，習相遠。」（〈陽貨〉）主張「有教無類」（〈衛靈公〉），就是立基於相信不論是什麼階級、什麼身分，都可以接受教育，也都有被改變的可能性。即如皇侃的《論語義疏》在「有教無類」下所說：「人乃有貴賤，同宜資教，不可以其種類庶鄙而不教之也。教之則善，本無類也。」這樣的主張與實踐，對於後世平民教育的開展、歷史文化的傳承，都有深遠的影響，在我國教育史上具有劃時代的重要意義。其他如教學目標的確立（學作君子儒）、教學方法的運用（因材施教）等，都是後世可以取法的。

在修養論上，《論語》教我們作君子，透過很多章句來定義「君子」，再從不同的角度、環境等，具體的說明君子應有的行爲和態度，期勉我們都能朝著人格完善、知識豐富、行爲嚴整的「完人」前進。完全可以作爲我們立身處世的依循準則。

《史記．孔子世家》卷末，太史公贊曰：「天下君王至於賢人眾矣，當時則榮，沒則已焉。孔子布衣，傳十餘世，學者宗之。自天子王侯，中國言六藝者折中於夫子，可謂至聖矣！」在孔子身上，我們可以看到人該怎麼定義自己的成就，又可以怎麼樣發揮自己的價值。近人程兆熊的《論語講義》云：「《論語》於此，則像句句都是平平常常，老老實實，且又簡簡單單，停停當當，不會多一個字，也不會少一個字，並讓每一個字都有其無比的分量，因之，每一個字都有其在意義上的不盡的含藏，和在價值上的永無休止的聯想。」在《論語》其中，我們可以尋找人生智慧，挖掘人生寶藏。這樣的人與書，是值得我們細細品味的。

學而第一

解題

《論語》各篇篇名，多取各篇首章首句之二、三字爲名，但「上論」（第一至第十篇）與「下論」（第十一至第二十篇）仍略有差異。「上論」各篇篇名多爲首章首句「子曰」、「孔子」、「子謂」以下所承諸字；「下論」則多直接以各篇發端之二、三字爲篇名。可以下表明之：

上論			下論		
篇次	篇名	首章首句	篇次	篇名	首章首句
一	學而	子曰學而時習之	十一	先進	先進於禮樂
二	為政	子曰為政以德	十二	顏淵	顏淵問仁
三	八佾	孔子謂季氏八佾舞於庭	十三	子路	子路問政
四	里仁	子曰里仁為美	十四	憲問	憲問恥
五	公冶長	子謂公冶長可妻也	十五	衛靈公	衛靈公問陳於孔子
六	雍也	子曰雍也可使南面	十六	季氏	季氏將伐顓臾

上論			下論		
篇次	篇名	首章首句	篇次	篇名	首章首句
七	述而	子曰述而不作	十七	陽貨	陽貨欲見孔子
八	泰伯	子曰泰伯其可謂至德	十八	微子	微子去之
九	子罕	子罕言利與命與仁	十九	子張	子張曰士見危致命
十	鄉黨	孔子於鄉黨恂恂如也	二十	堯曰	堯曰咨爾舜

若再細究各篇篇名內容，我們可以發現「上論」除了〈公冶長〉、〈雍也〉、〈泰伯〉三篇是以人名爲篇名，其餘各篇篇名似與「學」、「政」、「禮」、「仁」及孔子言行有關；「下論」則除了〈先進〉之外，其餘各篇均以人名爲篇名。此或與各篇內容重點有關，詳見本書各篇解題。

〈學而〉是《論語》第一篇，宋邢昺《論語注疏》言：「此篇論君子孝弟，仁人忠信，道國之法，主友之規，聞政在乎行德，由禮貴於用和，無求安飽以好學，能自切磋而樂道，皆人行之大者，故爲諸篇之先。」朱子《論語集注》也說：「此爲書之首篇，故所記多務本之意，乃入道之門、積德之基、學者之先務也。」〈學而〉篇共有十六章，重點在談孔門爲學的宗旨、態度與方法，也談學習的具體內容，如首章強調學習可以讓人內心滿足喜悅，有志同道合的朋友更是件快樂的事。學習的目的應在於自我知識與道德的成長，而不是要在他人的眼光中找自己的價值，所以也無須因爲他人不知道自己而慍怒。子夏所言「賢賢易色」章、孔子所言「君子食無求飽」章，更是提醒我們並非讀書才是爲學，行爲的修整、道德的提升也很重要。曾子所言「吾日三省吾身」章，提示我們要留意自我省察，才能深化學習的功用。有子所言「禮之用，和爲貴」章，歸納了「禮」的功用與價值，也警醒了「禮」可能產生的流弊。子貢所言「夫子溫良恭儉讓」章，可以讓我們看見孔子的不伎不求、從容不迫。其餘各章，或論孝悌、忠信、仁愛、禮義等，都是《論語》極爲重要的篇章，值得我們仔細研讀。

此爲書之首篇，故所記多務本之意，乃入道之門、積德之基、學者之先務也。凡十六章。

子曰：「學而時習之，不亦說乎？有朋自遠方來，不亦樂乎？人不知而不慍，不亦君子乎？」

注 說、悅同。慍，紆問反。樂，音洛。

▲學之為言效也。人性皆善，而覺有先後，後覺者必效先覺之所為，乃可以明善而復其初也。習，鳥數飛也。學之不已，如鳥數飛也。說，喜意也。既學而又時時習之，則所學者熟，而中心喜說，其進自不能已矣。

程子曰：「習，重習也。時復思繹，浹洽於中，則說也。」

又曰：「學者，將以行之也。時習之，則所學者在我，故說。」

謝氏曰：「時習者，無時而不習。坐如屍，坐時習也；立如齊，立時習也。」

▲朋，同類也。自遠方來，則近者可知。

程子曰：「以善及人，而信從者眾，故可樂。」

又曰：「說在心，樂主發散在外。」

▲慍，含怒意。君子，成德之名。

尹氏曰：「學在己，知不知在人，何慍之有。」

程子曰：「雖樂於及人，不見是而無悶，乃所謂君子。」

愚謂，及人而樂者，順而易，不知而不慍者，逆而難，故惟成德者能之。然德之所以成，亦曰學之正、習之熟、說之深，而不已焉耳。

程子曰：「樂由說而後得，非樂不足以語君子。」

有子曰：「其爲人也孝弟，而好犯上者，鮮矣；不好犯上，而好作亂者，未之有也。君子務本，本立而道生。孝弟也者，其爲仁之本與！」

注 弟、好，皆去聲。鮮，上聲，下同。與，平聲。

▲有子，孔子弟子，名若。善事父母為孝，善事兄長為弟。犯上，謂干犯在上之人。鮮，少也。作亂，則為悖逆爭鬥之事矣。此言人能孝弟，則其心和順，少好犯上，必不好作亂也。

▲務，專力也。本，猶根也。仁者，愛之理，心之德也。為仁，猶曰行仁。與者，疑辭，謙退不敢質言也。言君子凡事專用力於根本，根本既立，則其道自生。若上文所謂孝弟，乃是為仁之本，學者務此，則仁道自此而生也。

程子曰：「孝弟，順德也，故不好犯上，豈復有逆理亂常之事。德有本，本立則其道充大。孝弟行於家，而後仁愛及於物，所謂親親而仁民也。故為仁以孝弟為本。論性，則以仁為孝弟之本。」或問：「孝弟為仁之本，此是由孝弟可以至仁否？」曰：「非也。謂行仁自孝弟始，孝弟是仁之一事。謂之行仁之本則可，謂是仁之本則不可。蓋仁是性也，孝弟是用也，性中只有個仁、義、禮、智四者而已，曷嘗有孝弟來。然仁主於愛，愛莫大於愛親，故曰孝弟也者，其為仁之本與！」

子曰：「巧言令色，鮮矣仁！」

注 巧，好。令，善也。好其言，善其色，致飾於外，務以悅人，則人欲肆而本心之德亡矣。聖人辭不迫切，專言鮮，則絕無可知，學者所當深戒也。

▲程子曰：「知巧言令色之非仁，則知仁矣。」

曾子曰：「吾日三省吾身：爲人謀而不忠乎？與朋友交而不信乎？傳不習乎？」

注 省，悉井反。為，去聲。傳，平聲。

▲曾子，孔子弟子，名參，字子輿。盡己之謂忠。以實之謂信。傳，謂受之於師。習，謂熟之於己。曾子以此三者日省其身，有則改之，無則加勉，其自治誠切如此，可謂得為學之本矣。而三者之序，則又以忠信為傳習之本也。

尹氏曰：「曾子守約，故動必求諸身。」

謝氏曰：「諸子之學，皆出於聖人，其後愈遠而愈失其真。獨曾子之學，專用心於內，故傳之無弊，觀於子思孟子可見矣。惜乎！其嘉言善行，不盡傳於世也。其倖存而未泯者，學者其可不盡心乎！」

子曰：「道千乘之國，敬事而信，節用而愛人，使民以時。」

注 道、乘，皆去聲。

▲道，治也。馬氏云：「八百家出車一乘。」千乘，諸侯之國，其地可出兵車千乘者也。敬者，主一無適之謂。敬事而信者，敬其事而信於民也。時，謂農隙之時。言治國之要，在此五者，亦務本之意也。

程子曰：「此言至淺，然當時諸侯果能此，亦足以治其國矣。聖人言雖至近，上下皆通。此三言者，若推其極，堯舜之治亦不過此。若常人之言近，則淺近而已矣。」

楊氏曰：「上不敬則下慢，不信則下疑，下慢而疑，事不立矣。敬事而信，以身先之也。《易》曰：『節以制度，不傷財，不害民。』蓋侈用則傷財，傷財必至於害民，故愛民必先於節用。然使之不以其時，則力本者不獲自盡，雖有愛人之心，而人不被其澤矣。然此特論其所存而已，未及為政也。苟無是心，則雖有政，不行焉。」

胡氏曰：「凡此數者，又皆以敬為主。」

愚謂五者反復相因，各有次第，讀者宜細推之。

子曰：「弟子入則孝，出則弟，謹而信，泛愛眾，而親仁。行有餘力，則以學文。」

注 弟子之弟，上聲。則弟之弟，去聲。

▲謹者，行之有常也。信者，言之有實也。汎，廣也。眾，謂眾人。親，近也。仁，謂仁者。餘力，猶言暇日。以，用也。文，謂詩書六藝之文。

程子曰：「為弟子之職，力有餘則學文，不修其職而先文，非為己之學也。」

尹氏曰：「德行，本也。文藝，末也。窮其本末，知所先後，可以入德矣。」

洪氏曰：「未有餘力而學文，則文滅其質；有餘力而不學文，則質勝而野。」

愚謂力行而不學文，則無以考聖賢之成法，識事理之當然，而所行或出於私意，非但失之於野而已。

子夏曰：「賢賢易色，事父母能竭其力，事君能致其身，與朋友交，言而有信。雖曰未學，吾必謂之學矣。」

注 子夏，孔子弟子，姓卜，名商。賢人之賢，而易其好色之心，好善有誠也。致，猶委也。委致其身，謂不有其身也。四者皆人倫之大者，而行之必盡其誠，學求如是而已。故子夏言有能如是之人，苟非生質之美，必其務學之至。雖或以為未嘗為學，我必謂之已學也。

游氏曰：「三代之學，皆所以明人倫也。能是四者，則於人倫厚矣。學之為道，何以加此。子夏以文學名，而其言如此，則古人之所謂學者可知矣。故學而一篇，大抵皆在於務本。」

吳氏曰：「子夏之言，其意善矣。然辭氣之間，抑揚太過，其流之弊，將或至於廢學。必若上章夫子之言，然後為無弊也。」

子曰：「君子不重則不威，學則不固。主忠信。無友不如己者。過則勿憚改。」

注 重，厚重。威，威嚴。固，堅固也。輕乎外者，必不能堅乎內，故不厚重則無威嚴，而所學亦不堅固也。

▲人不忠信，則事皆無實，為惡則易，為善則難，故學者必以是為主焉。

程子曰：「人道惟在忠信，不誠則無物，且出入無時，莫知其鄉者，人心也。若無忠信，豈復有物乎？」

▲無、毋通，禁止辭也。友所以輔仁，不如己，則無益而有損。

▲勿，亦禁止之辭。憚，畏難也。自治不勇，則惡日長，故有過則當速改，不可畏難而苟安也。

程子曰：「學問之道無他也，知其不善，則速改以從善而已。」程子曰：「君子自修之道當如是也。」

游氏曰：「君子之道，以威重為質，而學以成之。學之道，必以忠信為主，而以勝己者輔之。然或吝於改過，則終無以入德，而賢者亦未必樂告以善道，故以過勿憚改終焉。」

曾子曰：「慎終追遠，民德歸厚矣。」

注 慎終者，喪盡其禮。追遠者，祭盡其誠。民德歸厚，謂下民化之，其德亦歸於厚。蓋終者，人之所易忽也，而能謹之；遠者，人之所易忘也，而能追之，厚之道也。故以此自為，則己之德厚，下民化之，則其德亦歸於厚也。

子禽問於子貢曰：「夫子至於是邦也，必聞其政，求之與？抑與之與？」子貢曰：「夫子溫、良、恭、儉、讓以得之。夫子之求之也，其諸異乎人之求之與？」

注 之與之與，平聲，下同。

▲子禽，姓陳，名亢。子貢，姓端木，名賜。皆孔子弟子。或曰：「亢，子貢弟子。」未知孰是。抑，反語辭。

▲溫，和厚也。良，易直也。恭，莊敬也。儉，節制也。讓，謙遜也。五者，夫子之盛德光輝接於人者也。其諸，語辭也。人，他人也。言夫子未嘗求之，但其德容如是，故時君敬信，自以其政就而問之耳，非若他人必求之而後得也。聖人過化存神之妙，未易窺測，然即此而觀，則其德盛禮恭而不願乎外，亦可見矣。學者所當潛心而勉學也。

謝氏曰：「學者觀於聖人威儀之間，亦可以進德矣。若子貢亦可謂善觀聖人矣，亦可謂善言德行矣。今去聖人千五百年，以此五者想見其形容，尚能使人興起，而況於親炙之者乎？」張敬夫曰：「夫子至是邦必聞其政，而未有能委國而授之以政者。蓋見聖人之儀刑而樂告之者，秉彝好德之良心也，而私欲害之，是以終不能用耳。」

子曰：「父在，觀其志；父沒，觀其行；三年無改於父之道，可謂孝矣。」

注 行，去聲。

▲父在，子不得自專，而志則可知。父沒，然後其行可見。故觀此足以知其人之善惡，然又必能三年無改於父之道，乃見其孝，不然，則所行雖善，亦不得為孝矣。
尹氏曰：「如其道，雖終身無改可也。如其非道，何待三年。然則三年無改者，孝子之心有所不忍故也。」
游氏曰：「三年無改，亦謂在所當改而可以未改者耳。」

有子曰：「禮之用，和爲貴。先王之道斯爲美，小大由之。有所不行，知和而和，不以禮節之，亦不可行也。」

注 禮者，天理之節文，人事之儀則也。和者，從容不迫之意。蓋禮之為體雖嚴，而皆出於自然之理，故其為用，必從容而不迫，乃為可貴。先王之道，此其所以為美，而小事大事無不由之也。
▲承上文而言，如此而復有所不行者，以其徒知和之為貴而一於和，不復以禮節之，則亦非復理之本然矣，所以流蕩忘反，而亦不可行也。
程子曰：「禮勝則離，故禮之用和為貴。先王之道以斯為美，而小大由之。樂勝則流，故有所不行者，知和而和，不以禮節之，亦不可行。」
范氏曰：「凡禮之體主於敬，而其用則以和為貴。敬者，禮之所以立也；和者，樂之所由生也。若有子可謂達禮樂之本矣。」
愚謂嚴而泰，和而節，此理之自然，禮之全體也。毫釐有差，則失其中正，而各倚於一偏，其不可行均矣。

有子曰：「信近於義，言可復也；恭近於禮，遠恥辱也；因不失其親，亦可宗也。」

注 近、遠，皆去聲。

▲信，約信也。義者，事之宜也。復，踐言也。恭，致敬也。禮，節文也。因，猶依也。宗，猶主也。言約信而合其宜，則言必可踐矣。致恭而中其節，則能遠恥辱矣。所依者不失其可親之人，則亦可以宗而主之矣。此言人之言行交際，皆當謹之於始而慮其所終，不然，則因仍苟且之間，將有不勝其自失之悔者矣。

子曰：「君子食無求飽，居無求安，敏於事而慎於言，就有道而正焉，可謂好學也已。」

注 好，去聲。

▲不求安飽者，志有在而不暇及也。敏於事者，勉其所不足。慎於言者，不敢盡其所有餘也。然猶不敢自是，而必就有道之人，以正其是非，則可謂好學矣。凡言道者，皆謂事物當然之理，人之所共由者也。

尹氏曰：「君子之學，能是四者，可謂篤志力行者矣。然不取正於有道，未免有差，如楊墨學仁義而差者也，其流至於無父無君，謂之好學可乎？」

子貢曰：「貧而無諂，富而無驕，何如？」子曰：「可也。未若貧而樂，富而好禮者也。」子貢曰：「詩云：『如切如磋，如琢如磨。』其斯之謂與？」子曰：「賜也，始可與言《詩》已矣！告諸往而知來者。」

注 樂，音洛。好，去聲。磋，七多反。與，平聲。

▲諂，卑屈也。驕，矜肆也。常人溺於貧富之中，而不知所以自守，故必有二者之病。無諂無驕，則知自守矣，而未能超乎貧富之外也。凡曰可者，僅可而有所未盡之辭也。樂則心寬體胖而忘其貧，好禮則安處善，樂循理，亦不自知其富矣。子貢貨殖，蓋先貧後富，而嘗用力於自守者，故以此為問。而夫子答之如此，蓋許其所已能，而勉其所未至也。

▲《詩．衛風．淇澳》之篇，言治骨角者，既切之而復磋之；治玉石者，既琢之而復磨之；治之已精，而益求其精也。子貢自以無諂無驕為至矣，聞夫子之言，又知義理之無窮，雖有得焉，而未可遽自足也，故引是詩以明之。往者，其所已言者。來者，其所未言者。愚按：此章問答，其淺深高下，固不待辨說而明矣。然不切則磋無所施，不琢則磨無所措。故學者雖不可安於小成，而不求造道之極致；亦不可鶩於虛遠，而不察切己之實病也。

子曰：「不患人之不己知，患不知人也。」

注 尹氏曰：「君子求在我者，故不患人之不己知。不知人，則是非邪正或不能辨，故以為患也。」

爲政第二

解題

本篇以首章「爲政以德」句中「爲政」兩字爲名，共有二十四章。邢昺《論語注疏》言：「《左傳》曰『學而後入政』，故次前篇也。此篇所論孝敬信勇，爲政之德也；聖賢君子，爲政之人也。故以『爲政』冠於章首，遂以名篇。」蓋以子夏所言「學而優則仕」（《論語．子張》）爲儒學傳統，故在前篇論學之後，即論爲政。儒家論政極重「道德」，而此「道德」又可分爲兩個層面來說，一是爲政者的德行，此即本篇首章「爲政以德」的章旨，強調爲政者當以自己的道德修養來感化天下，若爲政者有德，自然受臣民景仰，有如北極星在位而眾星隨旋，不需要特別做什麼事，臣民也能受到感化而順服。又「子張學干祿」章，孔子說「言寡尤，行寡悔，祿在其中矣。」也是提醒子張當從自身的謹言慎行做起。二是要施行德政，即如本篇「道之以政」、「舉直錯諸枉」、「使民敬忠以勸」等章所示，主張政府施政當重王道、行仁政，才是國家人民之福。

但本篇雖以「爲政」爲名，所纂論者實不只「爲政」，舉其要者，尚有「論孝」、「論君子」、「論學」諸端，都很值得我們留意。孔子言「十有五而志於學」章，可以視爲孔子一生成學成德的自述。又因爲該章已記載到「七十從心所欲不踰矩」，亦可視爲孔子對於自己一生的回顧，鮮明的標示了孔子由「主動向學」到「心道合一」的成聖歷程，讓後人知道聖人並非天生，也不是一蹴可幾的。尤其是我們應該重視的篇章。

凡二十四章

子曰：「爲政以德，譬如北辰，居其所而眾星共之。」

注 共，音拱，亦作拱。

▲政之為言正也，所以正人之不正也。德之為言得也，得於心而不失也。北辰，北極，天之樞也。居其所，不動也。共，向也，言眾星四面旋繞而歸向之也。為政以德，則無為而天下歸之，其象如此。

程子曰：「為政以德，然後無為。」

范氏曰：「為政以德，則不動而化、不言而信、無為而成。所守者至簡而能御煩，所處者至靜而能制動，所務者至寡而能服眾。」

子曰：「詩三百，一言以蔽之，曰『思無邪』。」

▲《詩》三百十一篇，言三百者，舉大數也。蔽，猶蓋也。「思無邪」，《魯頌．駉》篇之辭。凡《詩》之言，善者可以感發人之善心，惡者可以懲創人之逸志，其用歸於使人得其情性之正而已。然其言微婉，且或各因一事而

發，求其直指全體，則未有若此之明且盡者。故夫子言詩三百篇，而惟此一言足以盡蓋其義，其示人之意亦深切矣。

程子曰：「『思無邪』者，誠也。」

范氏曰：「學者必務知要，知要則能守約，守約則足以盡博矣。經禮三百，曲禮三千，亦可以一言以蔽之，曰『毋不敬』。」

子曰：「道之以政，齊之以刑，民免而無恥。道之以德，齊之以禮，有恥且格。」

注 道，音導，下同。

▲道，猶引導，謂先之也。政，謂法制禁令也。齊，所以一之也。道之而不從者，有刑以一之也。免而無恥，謂苟免刑罰。而無所羞愧，蓋雖不敢為惡，而為惡之心未嘗忘也。

▲禮，謂制度品節也。格，至也。言躬行以率之，則民固有所觀感而興起矣，而其淺深厚薄之不一者，又有禮以一之，則民恥於不善，而又有以至於善也。一說，格，正也。《書》曰：「格其非心。」

▲愚謂政者，為治之具。刑者，輔治之法。德禮則所以出治之本，而德又禮之本也。此其相為終始，雖不可以偏廢，然政刑能使民遠罪而已，德禮之效，則有以使民日遷善而不自知。故治民者不可徒恃其末，又當深探其本也。

子曰：「吾十有五而志於學，三十而立，四十而不惑，五十而知天命，

六十而耳順，七十而從心所欲，不踰矩。」

注 從，如字。

▲古者十五而入大學。心之所之謂之志。此所謂學，即大學之道也。志乎此，則念念在此而為之不厭矣。

▲有以自立，則守之固而無所事志矣。

▲於事物之所當然，皆無所疑，則知之明而無所事守矣。

▲天命，即天道之流行而賦於物者，乃事物所以當然之故也。知此則知極其精，而不惑又不足言矣。

▲聲入心通，無所違逆，知之之至，不思而得也。

▲從，隨也。矩，法度之器，所以為方者也。隨其心之所欲，而自不過於法度，安而行之，不勉而中也。

程子曰：「孔子生而知之也，言亦由學而至，所以勉進後人也。立，能自立於斯道也。不惑，則無所疑矣。知天命，窮理盡性也。耳順，所聞皆通也。從心所欲，不踰矩，則不勉而中矣。」

又曰：「孔子自言其進德之序如此者，聖人未必然，但為學者立法，使之盈科而後進，成章而後達耳。」

胡氏曰：「聖人之教亦多術，然其要使人不失其本心而已。欲得此心者，惟志乎聖人所示之學，循其序而進焉。至於一疵不存、萬理明盡之後，則其日用之間，本心瑩然，隨所意欲，莫非至理。蓋心即體，欲即用，體即道，用即義，聲為律而身為度矣。」

又曰：「聖人言此，一以示學者當優遊涵泳，不可躐等而進；二以示學者當日就月將，不可半途而廢也。」

愚謂聖人生知安行，固無積累之漸，然其心未嘗自謂已至此也。是其日用之間，必有獨覺其進而人不及知者。故因其近似以自名，欲學者以是為則而自勉，非心實自聖而姑為是退託也。後凡言謙辭之屬，意皆放此。

孟懿子問孝。子曰：「無違。」樊遲御，子告之曰：「孟孫問孝於我，我對曰『無違』。」樊遲曰：「何謂也？」子曰：「生，事之以禮；死，葬之以禮，祭之以禮。」

注 孟懿子，魯大夫仲孫氏，名何忌。無違，謂不背於理。

▲樊遲，孔子弟子，名須。御，為孔子御車也。孟孫，即仲孫也。夫子以懿子未達而不能問，恐其失指，而以從親之令為孝，故語樊遲以發之。

▲生事葬祭，事親之始終具矣。禮，即理之節文也。人之事親，自始至終，一於禮而不苟，其尊親也至矣。是時三家僭禮，故夫子以是警之，然語意渾然，又若不專為三家發者，所以為聖人之言也。

胡氏曰：「人之欲孝其親，心雖無窮，而分則有限。得為而不為，與不得為而為之，均於不孝。所謂以禮者，為其所得為者而已矣。」

孟武伯問孝。子曰：「父母惟其疾之憂。」

▲武伯，懿子之子，名彘。言父母愛子之心，無所不至，惟恐其有疾病，常以為憂也。人子體此，而以父母之心為心，則凡所以守其身者，自不容於不謹矣，豈不可以為孝乎？舊說，人子能使父母不以其陷於不義為憂，而獨以其疾為憂，乃可謂孝。亦通。

子游問孝。子曰：「今之孝者，是謂能養。至於犬馬，皆能有養；不敬，何以別乎？」

注 養，去聲。別，彼列反。

▲子游，孔子弟子，姓言，名偃。養，謂飲食供奉也。犬馬待人而食，亦若養然。言人畜犬馬，皆能有以養之，若能養其親而敬不至，則與養犬馬者何異。甚言不敬之罪，所以深警之也。

胡氏曰：「世俗事親，能養足矣。狎恩恃愛，而不知其漸流於不敬，則非小失也。子游聖門高弟，未必至此，聖人直恐其愛踰於敬，故以是深警發之也。」

子夏問孝。子曰：「色難。有事弟子服其勞，有酒食先生饌，曾是以爲孝乎？」

注 食，音嗣。

▲色難，謂事親之際，惟色為難也。食，飯也。先生，父兄也。饌，飲食之也。曾，猶嘗也。蓋孝子之有深愛者，必有和氣；有和氣者，必有愉色；有愉色者，必有婉容，故事親之際，惟色為難耳，服勞奉養未足為孝也。舊說，承順父母之色為難，亦通。

程子曰：「告懿子，告眾人者也。告武伯者，以其人多可憂之事。子游能養而或失於敬，子夏能直義而或少溫潤之色。各因其材之高下，與其所失而告之，故不同也。」

子曰：「吾與回言終日，不違如愚。退而省其私，亦足以發。回也不愚。」

▲回，孔子弟子，姓顏。字子淵。不違者，意不相背，有聽受而無問難也。私，謂燕居獨處，非進見請問之時。發，謂發明所言之理。愚聞之師曰：「顏子深潛純粹，其於聖人體段已具。其聞夫子之言，默識心融，觸處洞然，自有條理。故終日言，但見其不違如愚人而已。及退省其私，則見其日用動靜語默之間，皆足以發明夫子之道，坦然由之而無疑，然後知其不愚也。」

子曰：「視其所以，觀其所由，察其所安。人焉廋哉？人焉廋哉？」

注 焉，於虔反。廋，所留反。

注 以，為也。為善者為君子，為惡者為小人。

▲觀，比視為詳矣。由，從也。事雖為善，而意之所從來者有未善焉，則亦不得為君子矣。或曰：「由，行也。謂所以行其所為者也。」

▲察，則又加詳矣。安，所樂也。所由雖善，而心之所樂者不在於是，則亦偽耳，豈能久而不變哉？

▲焉，何也。廋，匿也。重言以深明之。

程子曰：「在己者能知言窮理，則能以此察人如聖人也。」

子曰：「溫故而知新，可以為師矣。」

▲溫，尋繹也。故者，舊所聞。新者，今所得。言學能時習舊聞，而每有新得，則所學在我，而其應不窮，故可以為人師。若夫記問之學，則無得於心，而所知有限，故《學記》譏其「不足以為人師」，正與此意互相發也。

子曰：「君子不器。」

▲器者，各適其用而不能相通。成德之士，體無不具，故用無不周，非特為一才一藝而已。

子貢問君子。子曰：「先行其言而後從之。」

▲周氏曰：「先行其言者，行之於未言之前；而後從之者，言之於既行之後。」范氏曰：「子貢之患，非言之艱而行之艱，故告之以此。」

子曰：「君子周而不比，小人比而不周。」

注周，普遍也。比，偏黨也。皆與人親厚之意，但周公而比私耳。

▲君子小人所為不同，如陰陽晝夜，每每相反。然究其所以分，則在公私之際，毫釐之差耳。故聖人於周比、和同、驕泰之屬，常對舉而互言之，欲學者察乎兩閒，而審其取捨之幾也。

子曰：「學而不思則罔，思而不學則殆。」

▲不求諸心，故昏而無得。不習其事，故危而不安。
程子曰：「博學、審問、慎思、明辨、篤行五者，廢其一，非學也。」

子曰：「攻乎異端，斯害也已！」

▲范氏曰：「攻，專治也，故治木石金玉之工曰攻。異端，非聖人之道，而別為一端，如楊墨是也。其率天下至於無父無君，專治而欲精之，為害甚矣！」
程子曰：「佛氏之言，比之楊墨，尤為近理，所以其害為尤甚。學者當如淫聲美色以遠之，不爾，則駸駸然入於其中矣。」

子曰：「由！誨女知之乎？知之爲知之，不知爲不知，是知也。」

注 女，音汝。

▲由，孔子弟子，姓仲，字子路。子路好勇，蓋有強其所不知以為知者，故夫子告之曰：我教女以知之之道乎！但所知者則以為知，所不知者則以為不知。如此則雖或不能盡知，而無自欺之蔽，亦不害其為知矣。況由此而求之，又有可知之理乎？

子張學干祿。子曰：「多聞闕疑，愼言其餘，則寡尤；多見闕殆，愼行其餘，則寡悔。言寡尤，行寡悔，祿在其中矣。」

注 行寡之行，去聲。

▲子張，孔子弟子，姓顓孫，名師。干，求也。祿，仕者之奉也。
呂氏曰：「疑者所未信，殆者所未安。」
程子曰：「尤，罪自外至者也。悔，理自內出者也。」
▲愚謂多聞見者學之博，闕疑殆者擇之精，慎言行者守之約。凡言在其中者，皆不求而自至之辭。言此以救子張之失而進之也。
程子曰：「修天爵則人爵至，君子言行能謹，得祿之道也。子張學干祿，故告之以此，使定其心而不為利祿動，若顏閔則無此問矣。或疑如此亦有不得祿者，孔子蓋曰耕也餒在其中，惟理可為者為之而已矣。」

哀公問曰：「何爲則民服？」孔子對曰：「舉直錯諸枉，則民服；舉枉錯諸直，則民不服。」

▲哀公，魯君，名蔣。凡君問，皆稱孔子對曰者，尊君也。錯，舍置也。諸，眾也。
程子曰：「舉錯得義，則人心服。」
謝氏曰：「好直而惡枉，天下之至情也。順之則服，逆之則去，必然之理也。然或無道以照之，則以直為枉，以枉為直者多矣，是以君子大居敬而貴窮理也。」

季康子問：「使民敬、忠以勸，如之何？」子曰：「臨之以莊則敬，孝慈則忠，舉善而教不能則勸。」

▲季康子，魯大夫季孫氏，名肥。莊，謂容貌端嚴也。臨民以莊，則民敬於己。孝於親，慈於眾，則民忠於己。善者舉之而不能者教之，則民有所勸而樂於為善。

張敬夫曰：「此皆在我所當為，非為欲使民敬忠以勸而為之也。然能如是，則其應蓋有不期然而然者矣。」

或謂孔子曰：「子奚不爲政？」子曰：「書云：『孝乎惟孝、友於兄弟，施於有政。』是亦爲政，奚其爲爲政？」

▲定公初年，孔子不仕，故或人疑其不為政也。

▲《書》，《周書・君陳》篇。《書》云孝乎者，言《書》之言孝如此也。善兄弟曰友。《書》言君陳能孝於親，友於兄弟，又能推廣此心，以為一家之政。孔子引之，言如此，則是亦為政矣，何必居位乃為為政乎？蓋孔子之不仕，有難以語或人者，故託此以告之，要之至理亦不外是。

子曰：「人而無信，不知其可也。大車無輗，小車無軏，其何以行之哉？」

注 輗，五兮反。軏，音月。

▲大車，謂平地任載之車。輗，轅端橫木，縛軛以駕牛者。小車，謂田車、兵車、乘車。軏，轅端上曲，鉤衡以駕馬者。車無此二者，則不可以行，人而無信，亦猶是也。

子張問：「十世可知也？」子曰：「殷因於夏禮，所損益，可知也；周因於殷禮，所損益，可知也；其或繼周者，雖百世可知也。」

注 陸氏曰：「也，一作乎。」

▲王者易姓受命為一世。子張問自此以後，十世之事，可前知乎？馬氏曰：「所因，謂三綱五常。所損益，謂文質三統。」

▲愚按：三綱，謂君為臣綱，父為子綱，夫為妻綱。五常，謂仁、義、禮、智、信。文質，謂夏尚忠，商尚質，周尚文。三統，謂夏正建寅為人統，商正建丑為地統，周正建子為天統。三綱五常，禮之大體，三代相繼，皆因之而不能變。其所損益，不過文章制度小過不及之間，而其已然之跡，今皆可見。則自今以往，或有繼周而王者，雖百世之遠，所因所革，亦不過此，豈但十世而已乎！聖人所以知來者蓋如此，非若後世讖緯術數之學也。

胡氏曰：「子張之問，蓋欲知來，而聖人言其既往者以明之也。夫自修身以至於為天下，不可一日而無禮。天敘天秩，人所共由，禮之本也。商不能改乎夏，周不能改乎商，所謂天地之常經也。若乃制度文為，或太過則當損，或不足則當益，益之損之。與時宜之，而所因者不壞，是古今之通義也。因往推來，雖百世之遠，不過如此而已矣。」

子曰：「非其鬼而祭之，諂也。見義不爲，無勇也。」

注 非其鬼，謂非其所當祭之鬼。諂，求媚也。

▲知而不為，是無勇也。

八佾第三

解題

本篇亦以首章「孔子謂季氏：『八佾舞於庭……』」之前幾個字爲篇名，共有二十六章。「佾」是古代宗廟禮樂中的舞蹈行列，「八佾」就是八行，一行八人，共六十四人，這是天子才可以使用的典制，季孫氏不過爲魯國大夫，祭祀時竟也用「八佾」，明顯僭禮，所以孔子評論說「是可忍也，孰不可忍也？」本篇的內容，主題較爲一致，大抵均爲討論「禮樂」的章句，除了指責非禮僭越的行爲，也論述禮與樂關係，以及仁與禮的關係、禮的價值等。

禮起源於祭祀，很早就成爲古代先民的生活規範。到了春秋時期，禮的內涵更加擴大，除了是個人言行的準據，也是群體社會運行的法則，更包含了國家政府的典章制度。但隨著儀文的踵事增華，禮的精神內涵卻愈來愈隱微，繁瑣的禮儀多成爲空洞僵化的形式。外在的禮文本應彰顯內在的禮義，但禮文易學，禮義難曉，行禮者極易將禮數、禮器之陳列，誤以爲禮之全貌。孔子處於禮崩樂壞的時代，他最關切的也是重新發現和賦予禮實質的意義，所以林放問「禮之本」的時候，他稱讚爲「大哉問」，其回答卻是「禮，與其奢也，寧儉。喪，與其易也，寧戚。」在孔子看來，惟有減損不必要的虛文儀節，才能眞正接近禮的本質。

孔子的思想以「仁」爲中心，他認爲眞正的「禮」，就是出於人內在的道德根源——仁，以「仁」爲「禮」之內在依據，所以既有「繪事後素」之喻，又曾言「人而不仁，如禮何？人而不仁，如樂何？」可見在孔子的思想中，「仁」是道德原則或正義原則，是「禮」的精神內涵，具有主觀性、內在性；「禮」則是道德原則或正義原則的表現形式，具有客觀性、外在性。「仁」以「禮」爲表現方式，「禮」便是「仁」由內以符外的顯露，最終是否合禮，仍是由人內在的道德意識去判斷。在本篇中，關於仁禮關係探討的篇章，有助於我們認識「禮」的本質，是我們應該特別加以關注的。

凡二十六章。通前篇末二章，皆論禮樂之事。

孔子謂季氏：「八佾舞於庭，是可忍也，孰不可忍也？」

注 佾，音逸。

▲季氏，魯大夫季孫氏也。佾，舞列也，天子八、諸侯六、大夫四、士二。每佾人數，如其佾數。或曰：「每佾八人。」未詳孰是。季氏以大夫而僭用天子之樂，孔子言其此事尚忍為之，則何事不可忍為。或曰：「忍，容忍也。」蓋深疾之之辭。

范氏曰：「樂舞之數，自上而下，降殺以兩而已，故兩之間，不可以毫髮僭差也。孔子為政，先正禮樂，則季氏之罪不容誅矣。」

謝氏曰：「君子於其所不當為不敢須臾處，不忍故也。而季氏忍此矣，則雖弒父與君，亦何所憚而不為乎？」

三家者以雍徹。子曰：「『相維辟公，天子穆穆』，奚取於三家之堂？」

注 徹，直列反。相，去聲。

▲三家，魯大夫孟孫、叔孫、季孫之家也。〈雍〉，〈周頌〉篇名。徹，祭畢而收其俎也。天子宗廟之祭，則歌〈雍〉以徹，是時三家僭而用之。相，助也。辟公，諸侯也。穆穆，深遠之意，天子之容也。此〈雍〉詩之辭，孔子引之，言三家之堂非有此事，亦何取於此義而歌之乎？譏其無知妄作，以取僭竊之罪。

程子曰：「周公之功固大矣，皆臣子之分所當為，魯安得獨用天子禮樂哉？成王之賜，伯禽之受，皆非也。其因襲之弊，遂使季氏僭八佾，三家僭〈雍〉徹，故仲尼譏之。」

子曰：「人而不仁，如禮何？人而不仁，如樂何？」

▲游氏曰：「人而不仁，則人心亡矣，其如禮樂何哉？言雖欲用之，而禮樂不為之用也。」

程子曰：「仁者天下之正理。失正理，則無序而不和。」

李氏曰：「禮樂待人而後行，苟非其人，則雖玉帛交錯，鐘鼓鏗鏘，亦將如之何哉？」然記者序此於八佾〈雍〉徹之後，疑其為僭禮樂者發也。

林放問禮之本。子曰：「大哉問！禮，與其奢也，寧儉；喪，與其易也，寧戚。」

注 易，去聲。

▲林放，魯人。見世之為禮者，專事繁文，而疑其本之不在是也，故以為問。孔子以時方逐末，而放獨有志於本，故大其問。蓋得其本，則禮之全體無不在其中矣。

易，治也。孟子曰：「易其田疇。」在喪禮，則節文習熟，而無哀痛慘怛之實者也。戚則一於哀，而文不足耳。

禮貴得中，奢易則過於文，儉戚則不及而質，二者皆未合禮。然凡物之理，必先有質而後有文，則質乃禮之本也。

范氏曰：「夫祭與其敬不足而禮有餘也，不若禮不足而敬有餘也，喪與其哀不足而禮有餘也，不若禮不足而哀有餘也。禮失之奢，喪失之易，皆不能反本，而隨其末故也。禮奢而備，不若儉而不備之愈也；喪易而文，不若戚而不文之愈也。儉者物之質，戚者心之誠，故為禮之本。」

楊氏曰：「禮始諸飲食，故汙尊而抔飲，為之簠、簋、籩、豆、罍、爵之飾，所以文之也，則其本儉而已。喪不可以徑情而直行，為之衰麻哭踊之數，所以節之也，則其本戚而已。周衰，世方以文滅質，而林放獨能問禮之本，故夫子大之，而告之以此。」

子曰：「夷狄之有君，不如諸夏之亡也。」

▲吳氏曰：「亡，古無字，通用。」

程子曰：「夷狄且有君長，不如諸夏之僭亂，反無上下之分也。」

尹氏曰：「孔子傷時之亂而歎之也。亡，非實亡也，雖有之，不能盡其道爾。」

季氏旅於泰山。子謂冉有曰：「女弗能救與？」對曰：「不能。」子曰：「嗚呼！曾謂泰山，不如林放乎？」

注 女，音汝。與，平聲。

▲旅，祭名。泰山，山名，在魯地。禮，諸侯祭封內山川，季氏祭之，僭也。冉有，孔子弟子，名求，時為季氏宰。救，謂救其陷於僭竊之罪。嗚呼，歎辭。言神不享非禮，欲季氏知其無益而自止，又進林放以厲冉有也。

范氏曰：「冉有從季氏，夫子豈不知其不可告也，然而聖人不輕絕人。盡己之心，安知冉有之不能救、季氏之不可諫也。既不能正，則美林放以明泰山之不可誣，是亦教誨之道也。」

子曰：「君子無所爭，必也射乎！揖讓而升，下而飲，其爭也君子。」

注 飲，去聲。

▲揖讓而升者，大射之禮，耦進三揖而後升堂也。下而飲，謂射畢揖降，以俟眾耦皆降，勝者乃揖不勝者升，取觶立飲也。言君子恭遜不與人爭，惟於射而後有爭。然其爭也，雍容揖遜乃如此，則其爭也君子，而非若小人之爭矣。

子夏問曰：「『巧笑倩兮，美目盼兮，素以爲絢兮。』何謂也？」子曰：「繪事後素。」曰：「禮後乎？」子曰：「起予者商也！始可與言《詩》已矣。」

注 倩，七練反。盼，普莧反。絢，呼縣反。繪，胡對反。

▲此逸詩也。倩，好口輔也。盼，目黑白分也。素，粉地，畫之質也。絢，采色，畫之飾也。言人有此倩盼之美質，而又加以華采之飾，如有素地而加采色也。子夏疑其反謂以素為飾，故問之。

▲繪事，繪畫之事也。後素，後於素也。《考工記》曰：「繪畫之事後素功。」謂先以粉地為質，而後施五采，猶人有美質，然後可加文飾。

▲禮必以忠信為質，猶繪事必以粉素為先。起，猶發也。起予，言能起發我之志意。

謝氏曰：「子貢因論學而知《詩》，子夏因論《詩》而知學，故皆可與言《詩》。」

楊氏曰：「『甘受和，白受采，忠信之人，可以學禮。苟無其質，禮不虛行。』此『繪事後素』之說也。孔子曰『繪事後素』，而子夏曰『禮後乎』，可謂能繼其志矣。非得之言意之表者能之乎？商賜可與言《詩》者以此。若夫玩心於章句之末，則其為《詩》也固而已矣。所謂起予，則亦相長之義也。」

子曰：「夏禮吾能言之，杞不足徵也；殷禮吾能言之，宋不足徵也。文獻不足故也，足則吾能徵之矣。」

▲杞，夏之後。宋，殷之後。徵，證也。文，典籍也。獻，賢也。言二代之禮，我能言之，而二國不足取以為證，以其文獻不足故也。文獻若足，則我能取之，以證君言矣。

子曰：「禘自既灌而往者，吾不欲觀之矣。」

注 禘，大計反。

▲趙伯循曰：「禘，王者之大祭也。王者既立始祖之廟，又推始祖所自出之帝，祀之於始祖之廟，而以始祖配之也。成王以周公有大勳勞，賜魯重祭，故得禘於周公之廟，以文王為所出之帝，而周公配之，然非禮矣。」灌者，方祭之始，用鬱鬯之酒灌地，以降神也。魯之君臣，當此之時，誠意未散，猶有可觀，自此以後，則浸以懈怠而無足觀矣。蓋魯祭非禮，孔子本不欲觀，至此而失禮之中又失禮焉，故發此歎也。

謝氏曰：「夫子嘗曰：『我欲觀夏道，是故之杞，而不足徵也；我欲觀殷道，是故之宋，而不足徵也。』又曰：『我觀周道，幽厲傷之，吾舍魯何適矣。魯之郊禘非禮也，周公其衰矣！』考之杞宋已如彼，考之當今又如此，孔子所以深歎也。」

或問禘之說。子曰：「不知也。知其說者之於天下也，其如示諸斯乎！」指其掌。

▲先王報本追遠之意，莫深於禘。非仁孝誠敬之至，不足以與此，非或人之所及也。而不王不禘之法，又魯之所當諱者，故以不知答之。示，與視同。指其掌，弟子記夫子言此而自指其掌，言其明且易也。蓋知禘之說，則理無

不明，誠無不格，而治天下不難矣。聖人於此，豈真有所不知也哉？

祭如在，祭神如神在。子曰：「吾不與祭，如不祭。」

注 與，去聲。

▲程子曰：「祭，祭先祖也。祭神，祭外神也。祭先主於孝，祭神主於敬。」

▲愚謂此門人記孔子祭祀之誠意。

▲又記孔子之言以明之。言己當祭之時，或有故不得與，而使他人攝之，則不得致其如在之誠。故雖已祭，而此心缺然，如未嘗祭也。

范氏曰：「君子之祭，七日戒，三日齊，必見所祭者，誠之至也。是故郊則天神格，廟則人鬼享，皆由己以致之也。有其誠則有其神，無其誠則無其神，可不謹乎？吾不與祭如不祭，誠為實，禮為虛也。」

王孫賈問曰：「與其媚於奧，寧媚於灶，何謂也？」子曰：「不然，獲罪於天，無所禱也。」

▲王孫賈，衛大夫。媚，親順也。室西南隅為奧。灶者，五祀之一，夏所祭也。凡祭五祀，皆先設主而祭於其所，然後迎尸而祭於奧，略如祭宗廟之儀。如祀灶，則設主於灶陘，祭畢，而更設饌於奧以迎尸也。故時俗之語，因以奧有常尊，而非祭之主；灶雖卑賤，而當時用事。喻自結於君，不如阿附權臣也。賈，衛之權臣，故以此諷孔子。

▲天，即理也，其尊無對，非奧灶之可比也。逆理，則獲罪於天矣，豈媚於奧灶所能禱而免乎？言但當順理，非特

不當媚灶，亦不可媚於奧也。

謝氏曰：「聖人之言，遜而不迫。使王孫賈而知此意，不為無益；使其不知，亦非所以取禍。」

子曰：「周監於二代，郁郁乎文哉！吾從周。」

注 郁，於六反。

▲監，視也。二代，夏商也。言其視二代之禮而損益之。郁郁，文盛貌。尹氏曰：「三代之禮至周大備，夫子美其文而從之。」

子入大廟，每事問。或曰：「孰謂鄹人之子知禮乎？入大廟，每事問。」子聞之曰：「是禮也。」

注 大，音泰。鄹，側留反。

▲大廟，魯周公廟。此蓋孔子始仕之時，入而助祭也。鄹，魯邑名。孔子父叔梁紇，嘗為其邑大夫。孔子自少以知禮聞，故或人因此而譏之。孔子言是禮者，敬謹之至，乃所以為禮也。

尹氏曰：「禮者，敬而已矣。雖知亦問，謹之至也，其為敬莫大於此。謂之不知禮者，豈足以知孔子哉？」

子曰：「射不主皮，爲力不同科，古之道也。」

注 為，去聲。

▲射不主皮，鄉射禮文。為力不同科，孔子解禮之意如此也。皮，革也，布侯而棲革於其中以為的，所謂鵠也。科，等也。古者射以觀德，但主於中，而不主於貫革，蓋以人之力有強弱，不同等也。《記》曰：「武王克商，散軍郊射，而貫革之射息。」正謂此也。周衰，禮廢，列國兵爭，復尚貫革，故孔子歎之。

楊氏曰：「中可以學而能，力不可以強而至。聖人言古之道，所以正今之失。」

子貢欲去告朔之餼羊。子曰：「賜也，爾愛其羊，我愛其禮。」

注 去，起呂反。告，古篤反。餼，許氣反。

▲告朔之禮：古者天子常以季冬，頒來歲十二月之朔於諸侯，諸侯受而藏之祖廟。月朔，則以特羊告廟，請而行之。餼，生牲也。魯自文公始不視朔，而有司猶供此羊，故子貢欲去之。

▲愛，猶惜也。子貢蓋惜其無實而妄費。然禮雖廢，羊存，猶得以識之而可復焉。若並去其羊，則此禮遂亡矣，孔子所以惜之。

楊氏曰：「告朔，諸侯所以稟命於君親，禮之大者。魯不視朔矣，然羊存則告朔之名未泯，而其實因可舉。此夫子所以惜之也。」

子曰：「事君盡禮，人以爲諂也。」

▲黃氏曰：「孔子於事君之禮，非有所加也，如是而後盡爾。時人不能，反以為諂。故孔子言之，以明禮之當然

也。」

程子曰：「聖人事君盡禮，當時以為諂。若他人言之，必曰我事君盡禮，小人以為諂，而孔子之言止於如此。聖人道大德宏，此亦可見。」

定公問：「君使臣，臣事君，如之何？」孔子對曰：「君使臣以禮，臣事君以忠。」

▲定公，魯君，名宋。二者皆理之當然，各欲自盡而已。

呂氏曰：「使臣不患其不忠，患禮之不至；事君不患其無禮，患忠之不足。」

尹氏曰：「君臣以義合者也。故君使臣以禮，則臣事君以忠。」

子曰：「〈關雎〉樂而不淫，哀而不傷。」

注 樂，音洛。

▲〈關雎〉，〈周南〉，〈國風〉，《詩》之首篇也。淫者，樂之過而失其正者也。傷者，哀之過而害於和者也。〈關雎〉之詩，言后妃之德，宜配君子。求之未得，則不能無寤寐反側之憂；求而得之，則宜其有琴瑟鐘鼓之樂。蓋其憂雖深而不害於和，其樂雖盛而不失其正，故夫子稱之如此。欲學者玩其辭，審其音，而有以識其性情之正也。

哀公問社於宰我。宰我對曰：「夏后氏以松，殷人以柏，周人以栗，曰使民戰栗。」子聞之曰：「成事不說，遂事不諫，既往不咎。」

▲宰我，孔子弟子，名予。三代之社不同者，古者立社，各樹其土之所宜木以為主也。戰栗，恐懼貌。宰我又言周所以用栗之意如此。豈以古者戮人於社，故附會其說與？

▲遂事，謂事雖未成，而勢不能已者。孔子以宰我所對，非立社之本意，又啟時君殺伐之心，而其言已出，不可復救，故歷言此以深責之，欲使謹其後也。

尹氏曰：「古者各以所宜木名其社，非取義於木也。宰我不知而妄對，故夫子責之。」

子曰：「管仲之器小哉！」或曰：「管仲儉乎？」曰：「管氏有三歸，官事不攝，焉得儉？」「然則管仲知禮乎？」曰：「邦君樹塞門，管氏亦樹塞門；邦君爲兩君之好，有反坫，管氏亦有反坫。管氏而知禮，孰不知禮？」

注 焉，於虔反。好，去聲。坫，丁念反。

▲管仲，齊大夫，名夷吾，相桓公霸諸侯。器小，言其不知聖賢大學之道，故局量褊淺、規模卑狹，不能正身修德以致主於王道。

▲或人蓋疑器小之為儉。三歸，臺名。事見《說苑》。攝，兼也。家臣不能具官，一人常兼數事。管仲不然，皆言

其侈。

▲或人又疑不儉為知禮。屏謂之樹。塞，猶蔽也。設屏於門，以蔽內外也。好，謂好會。坫，在兩楹之間，獻酬飲畢，則反爵於其上。此皆諸侯之禮，而管仲僭之，不知禮也。

▲愚謂孔子譏管仲之器小，其旨深矣。或人不知而疑其儉，故斥其奢以明其非儉。或又疑其知禮，故又斥其僭，以明其不知禮。蓋雖不復明言小器之所以然，而其所以小者，於此亦可見矣。故程子曰：「奢而犯禮，其器之小可知。蓋器大，則自知禮而無此失矣。」此言當深味也。

蘇氏曰：「自修身正家以及於國，則其本深，其及者遠，是謂大器。揚雄所謂『大器猶規矩準繩』，先自治而後治人者是也。管仲三歸反坫，桓公內嬖六人，而霸天下，其本固已淺矣。管仲死，桓公薨，天下不復宗齊。」

楊氏曰：「夫子大管仲之功而小其器。蓋非王佐之才，雖能合諸侯、正天下，其器不足稱也。道學不明，而王霸之略混為一途。故聞管仲之器小，則疑其為儉，以不儉告之，則又疑其知禮。蓋世方以詭遇為功，而不知為之範，則不悟其小宜矣。」

子語魯大師樂。曰：「樂其可知也：始作，翕如也；從之，純如也，皦如也，繹如也，以成。」

注 語，去聲。大，音泰。從，音縱。

▲語，告也。大師，樂官名。時音樂廢缺，故孔子教之。翕，合也。從，放也。純，和也。皦，明也。繹，相續不

絕也。成，樂之一終也。

謝氏曰：「五音六律不具，不足以為樂。翕如，言其合也。五音合矣，清濁高下，如五味之相濟而後和，故曰純如。合而和矣，欲其無相奪倫，故曰皦如，然豈宮自宮而商自商乎？不相反而相連，如貫珠可也，故曰繹如也，以成。」

儀封人請見。曰：「君子之至於斯也，吾未嘗不得見也。」從者見之。出曰：「二三子，何患於喪乎？天下之無道也久矣，天將以夫子爲木鐸。」

注 請見、見之之見，賢遍反。從、喪，皆去聲。

▲儀，衛邑。封人，掌封疆之官，蓋賢而隱於下位者也。君子，謂當時賢者。至此皆得見之，自言其平日不見絕於賢者，而求以自通也。見之，謂通使得見。喪，謂失位去國，《禮》曰「喪欲速貧」是也。木鐸，金口木舌，施政教時所振，以警眾者也。言亂極當治，天必將使夫子得位設教，不久失位也。封人一見夫子而遽以是稱之，其所得於觀感之間者深矣。或曰：「木鐸所以徇於道路，言天使夫子失位，周流四方以行其教，如木鐸之徇於道路也。」

子謂〈韶〉，「盡美矣，又盡善也。」謂〈武〉，「盡美矣，未盡善也」。

▲〈韶〉，舜樂。〈武〉，武王樂。美者，聲容之盛。善者，美之實也。舜紹堯致治，武王伐紂救民，其功一也，故其樂皆盡美。然舜之德，性之也，又以揖遜而有天下；武王之德，反之也，又以征誅而得天下，故其實有不同者。程子曰：「成湯放桀，惟有慚德，武王亦然，故未盡善。堯、舜、湯、武，其揆一也。征伐非其所欲，所遇之時然爾。」

子曰：「居上不寬，爲禮不敬，臨喪不哀，吾何以觀之哉？」

▲居上主於愛人，故以寬為本。為禮以敬為本，臨喪以哀為本。既無其本，則以何者而觀其所行之得失哉？

里仁第四

解題

本篇以首章「子曰：『里仁爲美。』」中，「里仁」二字爲篇名，共有二十六章。皇侃的《論語義疏》說：「本篇明凡人之性，易爲染著，遇善則升，逢惡則墜。故居處宜慎，必擇仁者之里也。所以次前者，明季氏之惡，由不近仁，今亦避惡從善，宜居仁里。故以里仁次於季氏也。」是以「里」爲「居處」的意思，強調環境對人的影響，故而居處必慎擇仁者之里。皇侃推論前篇所記季氏舞八佾而僭禮事，就是因爲季氏居不近仁而起，所以在〈八佾〉之後，緊接著談〈里仁〉。

《論語》諸篇的次第順序是否有一定的意義，眾說紛紜，但以本篇係針對季氏之失而發，未免狹隘。相對來說，邢昺的《論語注疏》言：「此篇明仁。仁者，善行之大名也。君子體仁，必能行禮樂，故以次前也。」仍以本篇「仁」、「禮」關係爲論，故而在〈八佾〉之後，就是比較通達的說法了。事實上，「里仁」固然可以解釋爲「居處擇仁」，但「居處」不一定只是指外在的居所，也可以指內在的居心，「里仁」即是「居仁」，也就是孟子所言「以仁存心」（《孟子．離婁下》）的意思。眞正的君子，本來就應該隨時隨地保有仁心，這也才符合本篇中孔子所言「君子去仁，惡乎成名？君子無終食之間違仁，造次必於是，顚沛必於是。」的意義。

惟本篇所記，僅前七章反覆言「仁」，與篇名相符應，第八章「朝聞道」章以下，雜言道德禮義之事、君子小人之別、孝事父母之法等，內容比較不純。最後幾章還談到了「言」、「行」關係，儒家學者積極入世、勇於任事，但在言語的表現上比較保守，主要是擔心自己輕諾寡信，說了卻做不到，言語便淪爲最廉價的保障，是以強調應該要敏於行而訥於言。是很值得我們反思的說法。

凡二十六章。

子曰：「里仁爲美。擇不處仁，焉得知？」

注 處，上聲。焉，於虔反。知，去聲。

▲里有仁厚之俗為美。擇里而不居於是焉，則失其是非之本心，而不得為知矣。

子曰：「不仁者不可以久處約，不可以長處樂。仁者安仁，知者利仁。」

注 樂，音洛。知，去聲。

▲約，窮困也。利，猶貪也，蓋深知篤好而必欲得之也。不仁之人，失其本心，久約必濫，久樂必淫。惟仁者則安

其仁而無適不然，知者則利於仁而不易所守，蓋雖深淺之不同，然皆非外物所能奪矣。

謝氏曰：「仁者心無內外遠近精粗之間，非有所存而自不亡，非有所理而自不亂，如目視而耳聽，手持而足行也。知者謂之有所見則可，謂之有所得則未可。有所存斯不亡，有所理斯不亂，未能無意也。安仁則一，利仁則二。安仁者非顏閔以上，去聖人為不遠，不知此味也。諸子雖有卓越之才，謂之見道不惑則可，然未免於利之也。」

子曰：「惟仁者能好人，能惡人。」

注 好、惡，皆去聲。

▲惟之為言獨也。蓋無私心，然後好惡當於理，程子所謂「得其公正」是也。

游氏曰：「好善而惡惡，天下之同情，然人每失其正者，心有所繫而不能自克也。惟仁者無私心，所以能好惡也。」

子曰：「苟志於仁矣，無惡也。」

注 惡，如字。

▲苟，誠也。志者，心之所之也。其心誠在於仁，則必無為惡之事矣。

楊氏曰：「苟志於仁，未必無過舉也，然而為惡則無矣。」

子曰：「富與貴是人之所欲也，不以其道得之，不處也；貧與賤是人之所惡也，不以其道得之，不去也。君子去仁，惡乎成名？君子無終食之間違仁，造次必於是，顚沛必於是。」

注 惡，去聲。惡，平聲。造，七到反。沛，音貝。

▲不以其道得之，謂不當得而得之。然於富貴則不處，於貧賤則不去，君子之審富貴而安貧賤也如此。

▲言君子所以為君子，以其仁也。若貪富貴而厭貧賤，則是自離其仁，而無君子之實矣，何所成其名乎？

▲終食者，一飯之頃。造次，急遽苟且之時。顚沛，傾覆流離之際。蓋君子之不去乎仁如此，不但富貴、貧賤、取舍之間而已也。

▲言君子為仁，自富貴、貧賤、取舍之間，以至於終食、造次、顚沛之頃，無時無處而不用其力也。然取舍之分明，然後存養之功密；存養之功密，則其取舍之分益明矣。

子曰：「我未見好仁者，惡不仁者。好仁者，無以尚之；惡不仁者，其爲仁矣，不使不仁者加乎其身。有能一日用其力於仁矣乎？我未見力不足者。蓋有之矣，我未之見也。」

注 好、惡，皆去聲。

▲夫子自言未見好仁者、惡不仁者。蓋好仁者真知仁之可好，故天下之物無以加之。惡不仁者真知不仁之可惡，故

其所以為仁者，必能絕去不仁之事，而不使少有及於其身。此皆成德之事，故難得而見之也。

▲言好仁惡不仁者，雖不可見，然或有人果能一旦奮然用力於仁，則我又未見其力有不足者。蓋為仁在己，欲之則是，而志之所至，氣必至焉。故仁雖難能，而至之亦易也。

▲蓋，疑辭。有之，謂有用力而力不足者。蓋人之氣質不同，故疑亦容或有此昏弱之甚，欲進而不能者，但我偶未之見耳。蓋不敢終以為易，而又歎人之莫肯用力於仁也。

▲此章言仁之成德，雖難其人，然學者苟能實用其力，則亦無不可至之理。但用力而不至者，今亦未見其人焉，此夫子所以反覆而歎惜之也。

子曰：「人之過也，各於其黨。觀過，斯知仁矣。」

注 黨，類也。

▲程子曰：「人之過也，各於其類。君子常失於厚，小人常失於薄。君子過於愛，小人過於忍。」

尹氏曰：「於此觀之，則人之仁不仁可知矣。」

吳氏曰：「後漢吳佑謂：『掾以親故：受汙辱之名，所謂觀過知仁』是也。」

愚按：此亦但言人雖有過，猶可即此而知其厚薄，非謂必俟其有過，而後賢否可知也。

子曰：「朝聞道，夕死可矣。」

▲道者，事物當然之理。苟得聞之，則生順死安，無復遺恨矣。朝夕，所以甚言其時之近。

程子曰：「言人不可以不知道，苟得聞道，雖死可也。」又曰：「皆實理也，人知而信者為難。死生亦大矣！非誠有所得，豈以夕死為可乎？」

子曰：「士志於道，而恥惡衣惡食者，未足與議也。」

▲心欲求道，而以口體之奉不若人為恥，其識趣之卑陋甚矣，何足與議於道哉？程子曰：「志於道而心役乎外，何足與議也？」

子曰：「君子之於天下也，無適也，無莫也，義之與比。」

注 適，丁歷反。比，必二反。

▲適，專主也。《春秋傳》曰「吾誰適從」是也。莫，不肯也。比，從也。謝氏曰：「適，可也。莫，不可也。無可無不可，苟無道以主之，不幾於猖狂自恣乎？此佛老之學，所以自謂心無所住而能應變，而卒得罪於聖人也。聖人之學不然，於無可無不可之間，有義存焉。然則君子之心，果有所倚乎？」

子曰：「君子懷德，小人懷土；君子懷刑，小人懷惠。」

▲懷，思念也。懷德，謂存其固有之善。懷土，謂溺其所處之安。懷刑，謂畏法。懷惠，謂貪利。君子小人趣向不

尹氏曰：「樂善惡不善，所以為君子；苟安務得，所以為小人。」

子曰：「放於利而行，多怨。」

注 放，上聲。
孔氏曰：「放，依也。多怨，謂多取怨。」
程子曰：「欲利於己，必害於人，故多怨。」

子曰：「能以禮讓爲國乎？何有？不能以禮讓爲國，如禮何？」

▲讓者，禮之實也。何有，言不難也。言有禮之實以為國，則何難之有，不然，則其禮文雖具，亦且無如之何矣，而況於為國乎？

子曰：「不患無位，患所以立；不患莫己知，求爲可知也。」

▲所以立，謂所以立乎其位者。可知，謂可以見知之實。
程子曰：「君子求其在己者而已矣。」

子曰：「參乎！吾道一以貫之。」曾子曰：「惟。」子出。門人問曰：

「何謂也?」曾子曰:「夫子之道,忠恕而已矣。」

注 參,所金反。惟,上聲。

▲參乎者,呼曾子之名而告之。貫,通也。惟者,應之速而無疑者也。聖人之心,渾然一理,而泛應曲當,用各不同。曾子於其用處,蓋已隨事精察而力行之,但未知其體之一爾。夫子知其真積力久,將有所得,是以呼而告之。曾子果能默契其指,即應之速而無疑也。

▲盡己之謂忠,推己之謂恕。而已矣者,竭盡而無餘之辭也。夫子之一理渾然而泛應曲當,譬則天地之至誠無息,而萬物各得其所也。自此之外,固無餘法,而亦無待於推矣。曾子有見於此而難言之,故借學者盡己、推己之目以著明之,欲人之易曉也。蓋至誠無息者,道之體也,萬殊之所以一本也;萬物各得其所者,道之用也,一本之所以萬殊也。以此觀之,一以貫之之實可見矣。或曰:「中心為忠,如心為恕。」於義亦通。

程子曰:「以己及物,仁也;推己及物,恕也,違道不遠是也。忠恕一以貫之:忠者天道,恕者人道;忠者無妄,恕者所以行乎忠也;忠者體,恕者用,大本達道也。此與違道不遠異者,動以天爾。」

又曰:「『維天之命,於穆不已』,忠也;『乾道變化,各正性命』,恕也。」

又曰:「聖人教人各因其才,吾道一以貫之,惟曾子為能達此,孔子所以告之也。曾子告門人曰:『夫子之道,忠恕而已矣』,亦猶夫子之告曾子也。《中庸》所謂『忠恕違道不遠』,斯乃下學上達之義。」

子曰:「君子喻於義,小人喻於利。」

注 喻,猶曉也。義者,天理之所宜。利者,人情之所欲。

程子曰：「君子之於義，猶小人之於利也。惟其深喻，是以篤好。」楊氏曰：「君子有舍生而取義者，以利言之，則人之所欲無甚於生，所惡無甚於死，孰肯舍生而取義哉？其所喻者義而已，不知利之為利故也，小人反是。」

子曰：「見賢思齊焉，見不賢而內自省也。」

注 省，悉井反。

▲思齊者，冀己亦有是善；內自省者，恐己亦有是惡。

胡氏曰：「見人之善惡不同，而無不反諸身者，則不徒羨人而甘自棄，不徒責人而忘自責矣。」

子曰：「事父母幾諫。見志不從，又敬不違，勞而不怨。」

▲此章與〈內則〉之言相表裡。幾，微也。微諫，所謂「父母有過，下氣怡色，柔聲以諫」也。見志不從，又敬不違，所謂「諫若不入，起敬起孝，悅則復諫」也。勞而不怨，所謂「與其得罪於鄉、黨、州、閭，寧孰諫。父母怒不悅，而撻之流血，不敢疾怨，起敬起孝」也。

子曰：「父母在，不遠遊。遊必有方。」

▲遠遊，則去親遠而為日久，定省曠而音問疏，不惟己之思親不置，亦恐親之念我不忘也。遊必有方，如己告云

之東，即不敢更適西，欲親必知己之所在而無憂，召己則必至而無失也。范氏曰：「子能以父母之心為心則孝矣。」

子曰：「三年無改於父之道，可謂孝矣。」

胡氏曰：「已見首篇，此蓋復出而逸其半也。」

子曰：「父母之年，不可不知也。一則以喜，一則以懼。」

▲知，猶記憶也。常知父母之年，則既喜其壽，又懼其衰，而於愛日之誠，自有不能已者。

子曰：「古者言之不出，恥躬之不逮也。」

▲言古者，以見今之不然。逮，及也。行不及言，可恥之甚。古者所以不出其言，為此故也。

范氏曰：「君子之於言也，不得已而後出之，非言之難，而行之難也。人惟其不行也，是以輕言之。言之如其所行，行之如其所言，則出諸其口必不易矣。」

子曰：「以約失之者鮮矣。」

注 鮮，上聲。

謝氏曰：「不侈然以自放之謂約。」

尹氏曰：「凡事約則鮮失，非止謂儉約也。」

子曰：「君子欲訥於言而敏於行。」

注 行，去聲。

謝氏曰：「放言易，故欲訥；力行難，故欲敏。」

胡氏曰：「自吾道一貫至此十章，疑皆曾子門人所記也。」

子曰：「德不孤，必有鄰。」

▲鄰，猶親也。德不孤立，必以類應。故有德者，必有其類從之，如居之有鄰也。

子游曰：「事君數，斯辱矣，朋友數，斯疏矣。」

注 數，色角反。

▲程子曰：「數，煩數也。」胡氏曰：「事君諫不行，則當去；導友善不納，則當止。至於煩瀆，則言者輕，聽者厭矣，是以求榮而反辱，求親而反疏也。」

范氏曰：「君臣朋友，皆以義合，故其事同也。」

公冶長第五

解題

本篇爲《論語》第五篇，首章記公冶長事，因以爲名，也是《論語》中首篇以人名命名者，共有二十八章。本篇內容以人物品評爲主，所品評的對象可大致分爲兩類。其一爲對孔門弟子的品評，如曾有牢獄之災的公冶長、深諳亂世自處之道的南容、有君子之行的宓不齊、精潔高雅的端木賜、仁而不佞的冉雍、耿直勇敢而有治國之才的仲由、聞一知十的顏淵，以及性格疏懶的宰予、慾望太多的申棖等。孔子有教無類，孔門弟子也各有氣象，這些簡短的評介，可以使我們對孔子的弟子有了基本的認識。篇末有孔子與弟子言志抒懷的記載，更讓我們可以想見孔門師生相處之道及深厚情誼，其中孔子所言「老者安之，朋友信之，少者懷之」，我們可以看到孔子的以仁存心及宏遠理想，異於弟子，也異於常人的聖人胸懷，很令人景仰。

本篇品評的第二類人物，是孔門弟子以外的相關人物，如不恥下問的孔文子、有君子之道的子產、善與人交的晏平仲、僭越禮制的臧文仲、謀國忠誠的令尹子文、守身清白的陳文子、三思後行的季文子、有智慧的寧武子、不念舊惡的伯夷及叔齊、矯情虛偽的微生高、正直眞誠的左丘明等，每章雖是三言兩語，但都是吉光片羽，有助於我們認識這些古人，或可引以爲鑑，或可見賢思齊。

就本篇所記載的品評內容，我們還可以發現孔子不輕易「許人以仁」，不論是弟子或時人關於「某人是不是仁者？」的疑問，孔子幾乎都是回答「不知」。這或許是因爲「仁」是儒家修養的最高德行，本來就很困難的。更有可能是孔子期勉我們能不斷努力精進，把行仁當作終身實踐的目標吧。

此篇皆論古今人物賢否得失，蓋格物窮理之一端也。凡二十七章。胡氏以爲疑多子貢之徒所記云。

子謂公冶長，「可妻也。雖在縲絏之中，非其罪也。」以其子妻之。子謂南容，「邦有道，不廢；邦無道，免於刑戮。」以其兄之子妻之。

注 妻，去聲，下同。縲，力追反。絏，息列反。

▲公冶長，孔子弟子。妻，為之妻也。縲，黑索也。絏，攣也。古者獄中以黑索拘攣罪人。長之為人無所考，而夫子稱其可妻，其必有以取之矣。又言其人雖嘗陷於縲絏之中，而非其罪，則固無害於可妻也。夫有罪無罪，在我而已，豈以自外至者為榮辱哉？

▲南容，孔子弟子，居南宮。名縚，又名适。字子容，諡敬叔。孟懿子之兄也。不廢，言必見用也。以其謹於言行，故能見用於治朝，免禍於亂世也。事又見第十一篇。

或曰：「公冶長之賢不及南容，故聖人以其子妻長，而以兄子妻容，蓋厚於兄而薄於己也。」

程子曰：「此以己之私心窺聖人也。凡人避嫌者，皆內不足也，聖人自至公，何避嫌之有？況嫁女必量其才而求配，尤不當有所避也。若孔子之事，則其年之長幼、時之先後皆不可知，惟以為避嫌則大不可。避嫌之事，賢者且不為，況聖人乎？」

子謂子賤，「君子哉若人！魯無君子者，斯焉取斯？」

注 焉，於虔反。

▲子賤，孔子弟子，姓宓，名不齊。上斯斯此人，下斯斯此德。子賤蓋能尊賢取友以成其德者。故夫子既歎其賢，而又言若魯無君子，則此人何所取以成此德乎？因以見魯之多賢也。

蘇氏曰：「稱人之善，必本其父兄師友，厚之至也。」

子貢問曰：「賜也何如？」子曰：「女器也。」曰：「何器也？」曰：「瑚璉也。」

注 女，音汝。瑚，音胡。璉，力展反。

▲器者，有用之成材。夏曰瑚，商曰璉，周曰簠簋，皆宗廟盛黍稷之器而飾以玉，器之貴重而華美者也。子貢見孔子以君子許子賤，故以己為問，而孔子告之以此。然則子貢雖未至於不器，其亦器之貴者歟？

或曰：「雍也仁而不佞。」子曰：「焉用佞？禦人以口給，屢憎於人。

不知其仁，焉用佞？」

注 焉，於虔反。

▲雍，孔子弟子，姓冉，字仲弓。佞，口才也。仲弓為人重厚簡默，而時人以佞為賢，故美其優於德，而病其短於才也。

▲御，當也，猶應答也。給，辨也。憎，惡也。言何用佞乎？佞人所以應答人者，但以口取辨而無情實，徒多為人所憎惡爾。我雖未知仲弓之仁，然其不佞乃所以為賢，不足以為病也。再言焉用佞，所以深曉之。

▲或疑仲弓之賢而夫子不許其仁，何也？曰：仁道至大，非全體而不息者，不足以當之。如顏子亞聖，猶不能無違於三月之後，況仲弓雖賢，未及顏子，聖人固不得而輕許之也。」

子使漆雕開仕。對曰：「吾斯之未能信。」子說。

注 說，音悅。

▲漆雕開，孔子弟子，字子若。斯，指此理而言。信，謂真知其如此，而無毫髮之疑也。開自言未能如此，未可以治人，故夫子說其篤志。

程子曰：「漆雕開已見大意，故夫子說之。」

又曰：「古人見道分明，故其言如此。」

謝氏曰：「開之學無可考。然聖人使之仕，必其材可以仕矣。至於心術之微，則一毫不自得，不害其為未信。此聖人所不能知，而開自知之。其材可以仕，而其器不安於小成，他日所就，其可量乎？夫子所以說之也。」

子曰：「道不行，乘桴浮於海。從我者其由與？」子路聞之喜。子曰：「由也，好勇過我，無所取材。」

注 桴，音孚。從、好，並去聲。與，平聲。材，與裁同，古字借用。

注 桴，筏也。

程子曰：「浮海之歎，傷天下之無賢君也。子路勇於義，故謂其能從己，皆假設之言耳。子路以為實然，而喜夫子之與己，故夫子美其勇，而譏其不能裁度事理，以適於義也。」

孟武伯問：「子路仁乎？」子曰：「不知也。」又問。子曰：「由也，千乘之國，可使治其賦也，不知其仁也。」「求也何如？」子曰：「求也，千室之邑，百乘之家，可使爲之宰也，不知其仁也。」「赤也何如？」子曰：「赤也，束帶立於朝，可使與賓客言也，不知其仁也。」

注 乘，去聲。朝，音潮。

▲子路之於仁，蓋日月至焉者。或在或亡，不能必其有無，故以不知告之。賦，兵也。古者以田賦出兵，故謂兵為賦，《春秋傳》所謂「悉索敝賦」是也。言子路之才，可見者如此，仁則不能知也。

注 千室，大邑。百乘，卿大夫之家。宰，邑長家臣之通號。

注 赤，孔子弟子，姓公西，字子華。

子謂子貢曰：「女與回也孰愈？」對曰：「賜也何敢望回。回也聞一以知十，賜也聞一以知二。」子曰：「弗如也！吾與女弗如也。」

注 女，音汝，下同。

注 愈，勝也。

▲一，數之始。十，數之終。二者，一之對也。顏子明睿所照，即始而見終，子貢推測而知，因此而識彼。「無所不悅，告往知來」，是其驗矣。

注 與，許也。

胡氏曰：「子貢方人，夫子既語以不暇，又問其與回孰愈，以觀其自知之如何。聞一知十，上知之資，生知之亞也。聞一知二，中人以上之資，學而知之之才也。子貢平日以己方回，見其不可企及，故喻之如此。夫子以其自知之明，而又不難於自屈，故既然之，又重許之。此其所以終聞性與天道，不特聞一知二而已也。」

宰予晝寢。子曰：「朽木不可雕也，糞土之牆不可杇也，於予與何誅。」子曰：「始吾於人也，聽其言而信其行；今吾於人也，聽其言而觀其行。於予與改是。」

注 杇，許久反。杇，音汙。與，平聲，下同。行，去聲。

▲晝寢，謂當晝而寐。朽，腐也。雕，刻畫也。杇，鏝也。言其志氣昏惰，教無所施也。與，語辭。誅，責也。言不足責，乃所以深責之。

▲宰予能言而行不逮，故孔子自言於予之事而改此失，亦以重警之也。

胡氏曰：「『子曰』疑衍文，不然，則非一日之言也。」

范氏曰：「君子之於學，惟日孜孜，斃而後已，惟恐其不及也。宰予晝寢，自棄孰甚焉，故夫子責之。」

胡氏曰：「宰予不能以志帥氣，居然而倦。是宴安之氣勝，儆戒之志惰也。古之聖賢未嘗不以懈惰荒寧為懼，勤勵不息自強，此孔子所以深責宰予也。聽言觀行，聖人不待是而後能，亦非緣此而盡疑學者。特因此立教，以警群弟子，使謹於言而敏於行耳。」

子曰：「吾未見剛者。」或對曰：「申棖。」子曰：「棖也慾，焉得剛？」

注 焉，於虔反。

▲剛，堅強不屈之意，最人所難能者，故夫子歎其未見。申棖，弟子姓名。慾，多嗜慾也。多嗜慾，則不得為剛矣。

程子曰：「人有慾則無剛，剛則不屈於慾。」

謝氏曰：「剛與慾正相反。能勝物之謂剛，故常伸於萬物之上；為物揜之謂慾，故常屈於萬物之下。自古有志者少，無志者多，宜夫子之未見也。棖之慾不可知，其為人得非悻悻自好者乎？故或者疑以為剛，然不知此其所以為慾爾。」

子貢曰：「我不欲人之加諸我也，吾亦欲無加諸人。」子曰：「賜也，非爾所及也。」

▲子貢言我所不欲人加於我之事，我亦不欲以此加之於人。此仁者之事，不待勉強，故夫子以為非子貢所及。程子曰：「我不欲人之加諸我，吾亦欲無加諸人，仁也；施諸己而不願，亦勿施於人，恕也。恕則子貢或能勉之，仁則非所及矣。」愚謂無者自然而然，勿者禁止之謂，此所以為仁恕之別。

子貢曰：「夫子之文章，可得而聞也；夫子之言性與天道，不可得而聞也。」

▲文章，德之見乎外者，威儀文辭皆是也。性者，人所受之天理；天道者，天理自然之本體，其實一理也。言夫子之文章，日見乎外，固學者所共聞；至於性與天道，則夫子罕言之，而學者有不得聞者。蓋聖門教不躐等，子貢至是始得聞之，而歎其美也。程子曰：「此子貢聞夫子之至論而歎美之言也。」

子路有聞，未之能行，惟恐有聞。

▲前所聞者既未及行，故恐復有所聞而行之不給也。

范氏曰：「子路聞善，勇於必行，門人自以為弗及也，故著之。若子路，可謂能用其勇矣。」

子貢問曰：「孔文子何以謂之文也？」子曰：「敏而好學，不恥下問，是以謂之文也。」

注 好，去聲。

▲孔文子，衛大夫，名圉。凡人性敏者多不好學，位高者多恥下問。故謚法有以「勤學好問」為文者，蓋亦人所難也。孔圉得謚為文，以此而已。

蘇氏曰：「孔文子使太叔疾出其妻而妻之。疾通於初妻之娣，文子怒，將攻之。訪於仲尼，仲尼不對，命駕而行。疾奔宋，文子使疾弟遺室孔姞。其為人如此而謚曰文，此子貢之所以疑而問也。孔子不沒其善，言能如此，亦足以為文矣，非經天緯地之文也。」

子謂子產，「有君子之道四焉：其行己也恭，其事上也敬，其養民也惠，其使民也義。」

▲子產，鄭大夫公孫僑。恭，謙遜也。敬，謹恪也。惠，愛利也。使民義，如都鄙有章、上下有服、田有封洫、廬井有伍之類。

吳氏曰：「數其事而責之者，其所善者多也，臧文仲不仁者三、不知者三是也。數其事而稱之者，猶有所未至也，子產有君子之道四焉是也。今或以一言蓋一人、一事蓋一時，皆非也。」

子曰：「晏平仲善與人交，久而敬之。」

▲晏平仲，齊大夫，名嬰。

程子曰：「人交久則敬衰，久而能敬，所以為善。」

子曰：「臧文仲居蔡，山節藻梲，何如其知也？」

注梲，章悅反。知，去聲。

▲臧文仲，魯大夫臧孫氏，名辰。居，猶藏也。蔡，大龜也。節，柱頭斗栱也。藻，水草名。梲，梁上短柱也。蓋為藏龜之室，而刻山於節、畫藻於梲也。當時以文仲為知，孔子言其不務民義，而諂瀆鬼神如此，安得為知？《春秋傳》所謂作虛器，即此事也。

張子曰：「山節藻梲為藏龜之室，祀爰居之義，同歸於不知宜矣。」

子張問曰：「令尹子文三仕爲令尹，無喜色；三已之，無慍色。舊令尹之政，必以告新令尹。何如？」子曰：「忠矣。」曰：「仁矣乎？」曰：「未知，焉得仁？」「崔子弒齊君，陳文子有馬十乘，棄而違之。至於他邦，則曰：『猶吾大夫崔子也。』違之。之一邦，則又曰：『猶吾大夫崔子也。』違之。何如？」子曰：「清矣。」曰：「仁矣乎？」曰：「未知。焉得仁？」

注 知，如字。焉，於虔反。乘，去聲。

▲令尹，官名，楚上卿執政者也。子文，姓鬥，名穀於菟。其為人也，喜怒不形，物我無間，知有其國而不知有其身，其忠盛矣，故子張疑其仁。然其所以三仕三已而告新令尹者，未知其皆出於天理而無人欲之私也，是以夫子但許其忠，而未許其仁也。

▲崔子，齊大夫，名杼。齊君，莊公，名光。陳文子，亦齊大夫，名須無。十乘，四十匹也。違，去也。文子潔身去亂，可謂清矣，然未知其心果見義理之當然，而能脫然無所累乎？抑不得已於利害之私，而猶未免於怨悔也。故夫子特許其清，而不許其仁。

▲愚聞之師曰：「當理而無私心，則仁矣。今以是而觀二子之事，雖其制行之高若不可及，然皆未有以見其必當於理，而真無私心也。子張未識仁體，而悅於苟難，遂以小者信其大者，夫子之不許也宜哉。」讀者於此，更以上章「不知其仁」、後篇「仁則吾不知」之語并與三仁夷齊之事觀之，則彼此交盡，而仁之為義可識矣。今以他書考之，子文之相楚，所謀者無非僭王猾夏之事。文子之仕齊，既失正君討賊之義，又不數歲而復反於齊焉，則其不仁亦可見矣。

季文子三思而後行。子聞之，曰：「再，斯可矣。」

注三，去聲。

▲季文子，魯大夫，名行父。每事必三思而後行，若使晉而求遭喪之禮以行，亦其一事也。斯，語辭。程子曰：「為惡之人，未嘗知有思，有思則為善矣。然至於再則已審，三則私意起而反惑矣，故夫子譏之。」愚按：季文子慮事如此，可謂詳審，而宜無過舉矣。而宣公篡立，文子乃不能討，反為之使齊而納賂焉，豈非程子所謂私意起而反惑之驗歟？是以君子務窮理而貴果斷，不徒多思之為尚。

子曰：「寧武子邦有道則知，邦無道則愚。其知可及也，其愚不可及也。」

注知，去聲。

▲寧武子，衛大夫，名俞。按《春秋傳》，武子仕衛，當文公、成公之時。文公有道，而武子無事可見，此其知之可及也。成公無道，至於失國，而武子周旋其閒，盡心竭力，不避艱險。凡其所處，皆智巧之士所深避而不肯為者，而能卒保其身以濟其君，此其愚之不可及也。程子曰：「邦無道能沉晦以免患，故曰不可及也。亦有不當愚者，比干是也。」

子在陳曰：「歸與！歸與！吾黨之小子狂簡，斐然成章，不知所以裁之。」

注 與，平聲。斐，音匪。

▲此孔子周流四方，道不行而思歸之歎也。吾黨小子，指門人之在魯者。狂簡，志大而略於事也。斐，文貌。成章，言其文理成就，有可觀者。裁，割正也。夫子初心，欲行其道於天下，至是而知其終不用也。於是始欲成就後學，以傳道於來世。又不得中行之士而思其次，以為狂士志意高遠，猶或可與進於道也。但恐其過中失正，而或陷於異端耳，故欲歸而裁之也。

子曰：「伯夷、叔齊不念舊惡，怨是用希。」

▲伯夷、叔齊，孤竹君之二子。孟子稱其「不立於惡人之朝，不與惡人言。與鄉人立，其冠不正，望望然去之，若將浼焉。」其介如此，宜若無所容矣，然其所惡之人，能改即止，故人亦不甚怨之也。

程子曰：「不念舊惡，此清者之量。」

又曰：「二子之心，非夫子孰能知之？」

子曰：「孰謂微生高直？或乞醯焉，乞諸其鄰而與之。」

注 醯，呼西反。

▲微生姓，高名，魯人，素有直名者。醯，醋也。人來乞時，其家無有，故乞諸鄰家以與之。夫子言此，譏其曲意

殉物，掠美市恩，不得為直也。

程子曰：「微生高所枉雖小，害直為大。」

范氏曰：「是曰是、非曰非、有謂有、無謂無，曰直。聖人觀人於其一介之取予，而千駟萬鐘從可知焉。故以微事斷之，所以教人不可不謹也。」

子曰：「巧言、令色、足恭，左丘明恥之，丘亦恥之。匿怨而友其人，左丘明恥之，丘亦恥之。」

注 足，將樹反。

注 足，過也。

▲程子曰：「左丘明，古之聞人也。」

謝氏曰：「二者之可恥，有甚於穿窬也。左丘明恥之，其所養可知矣。夫子自言『丘亦恥之』，蓋竊比老、彭之意。又以深戒學者，使察乎此而立心以直也。」

顏淵、季路侍。子曰：「盍各言爾志？」子路曰：「願車馬、衣輕裘，與朋友共。敝之而無憾。」顏淵曰：「願無伐善，無施勞。」子路曰：「願聞子之志。」子曰：「老者安之，朋友信之，少者懷之。」

注 盍，音合。衣，去聲。

注 盍，何不也。

注 衣，服之也。裘，皮服。敝，壞也。憾，恨也。

▲伐，誇也。善，謂有能。施，亦張大之意。勞，謂有功，《易》曰「勞而不伐」是也。或曰：「勞，勞事也。勞事非己所欲，故亦不欲施之於人。」亦通。

▲老者養之以安，朋友與之以信，少者懷之以恩。一說：安之，安我也；信之，信我也；懷之，懷我也。亦通。

程子曰：「夫子安仁，顏淵不違仁，子路求仁。」

又曰：「子路、顏淵、孔子之志，皆與物共者也，但有小大之差爾。」又曰：「子路勇於義者，觀其志，豈可以勢利拘之哉？亞於浴沂者也。顏子不自私己，故無伐善；知同於人，故無施勞。其志可謂大矣，然未免出於有意也。至於夫子，則如天地之化工，付與萬物而己不勞焉，此聖人之所為也。今夫羈靮以御馬而不以制牛，人皆知羈靮之作在乎人，而不知羈靮之生由於馬，聖人之化，亦猶是也。先觀二子之言，後觀聖人之言，分明天地氣象。凡看《論語》，非但欲理會文字，須要識得聖賢氣象。」

子曰：「已矣乎！吾未見能見其過而內自訟者也。」

▲已矣乎者，恐其終不得見而歎之也。內自訟者，口不言而心自咎也。人有過而能自知者鮮矣，知過而能內自訟者為尤鮮。能內自訟，則其悔悟深切而能改必矣。夫子自恐終不得見而歎之，其警學者深矣。

子曰：「十室之邑，必有忠信如丘者焉，不如丘之好學也。」

注 焉，如字，屬上句。好，去聲。

▲十室，小邑也。忠信如聖人，生質之美者也。夫子生知而未嘗不好學，故言此以勉人。言美質易得，至道難聞，學之至則可以為聖人，不學則不免為鄉人而已。可不勉哉？

雍也第六

解題

本篇亦以首章「雍也」兩字爲名，共有三十章。邢昺的《論語注疏》說：「此篇亦論賢人、君子及仁、知、中庸之德，大抵與前相類，故以次之。」就本篇內容來看，大致可分爲兩大類，一爲延續上篇評論孔門弟子的主軸，對孔門弟子群相進行勾勒；二爲對孔門所強調的某些道德理念進行哲學思辨。

以第一類的內容而言，本篇最突出的應該是孔子對冉雍的評論。冉雍，字仲弓，春秋時期魯國人，比孔子年少二十九歲，與顏淵、閔子騫及冉耕同爲孔門「德行」科優秀弟子。就相關文獻來看，冉雍的出身較低賤，但他潔身自好，任勞任怨，雖不善辭令但仁篤厚道，寬宏端重，子貢還曾評論他：「在貧如客，使其臣如借，不遷怒，不深怨，不錄舊罪，是冉雍之行也。」（《孔子家語·弟子行》）可見其德行深厚，也因此孔子說他有爲政之才。從本篇第二章冉雍與孔子討論子桑伯子的記載來看，我們還可以發現冉雍善於思辨，甚而能補充孔子的觀點，讓孔子也稱許他的說法，這更是難能可貴了。除了冉雍之外，孔子稱許顏淵「不遷怒，不貳過」、「其心三月不違仁」及安貧樂道，感歎冉耕「斯人斯疾」，肯定澹臺滅明的公正無私，提醒子夏要成爲「君子儒」，指責冉求畫地自限等章，都是《論語》中的名篇。

關於第二類的篇章，有「文」與「質」的思辨、「仁」與「智」的討論、「博文約禮」的提示、爲學「知之」、「好之」、「樂之」的程度差異等。篇末記載子貢問孔子「博施濟眾」算不算是「仁」？孔子提醒子貢：「博施濟眾」不只是「仁」，已經是「聖」了。前面我們說到孔子不輕易以仁許人，當然更不會輕易許人以聖，所以孔子說這是堯、舜都做不到的事。在孔子看來，子貢的說法未免過於懸遠，「己立立人」、「己達達人」就是「仁」了，仁不遠人，所以只要從近處做起即可。如果行仁並不困難，那我們有什麼理由不行仁呢？孔子對子貢的提示，很值得我們深思。

凡二十八章。篇內第十四章以前，大意與前篇同。

子曰：「雍也可使南面。」仲弓問子桑伯子，子曰：「可也簡。」仲弓曰：「居敬而行簡，以臨其民，不亦可乎？居簡而行簡，無乃大簡乎？」子曰：「雍之言然。」

注 大，音泰。

▲南面者，人君聽治之位。言仲弓寬洪簡重，有人君之度也。

▲子桑伯子，魯人，胡氏以為疑即莊周所稱子桑戶者是也。仲弓以夫子許己南面，故問伯子如何。可者，僅可而有所未盡之辭。簡者，不煩之謂。

▲言自處以敬，則中有主而自治嚴，如是而行簡以臨民，則事不煩而民不擾，所以為可。若先自處以簡，則中無主而自治疏矣，而所行又簡，豈不失之太簡，而無法度之可守乎？《家語》記伯子不衣冠而處，夫子譏其欲同人道於牛馬。然則伯子蓋太簡者，而仲弓疑夫子之過許與？

▲仲弓蓋未喻夫子可字之意，而其所言之理，有默契焉者，故夫子然之。

程子曰：「子桑伯子之簡，雖可取而未盡善，故夫子云可也。仲弓因言內主於敬而簡，則為要直；內存乎簡而簡，則為疏略，可謂得其旨矣。」

又曰：「居敬則心中無物，故所行自簡；居簡則先有心於簡，而多一簡字矣，故曰太簡。」

哀公問：「弟子孰爲好學？」孔子對曰：「有顏回者好學，不遷怒，不貳過。不幸短命死矣！今也則亡，未聞好學者也。」

注 好，去聲。亡，與無同。

▲遷，移也。貳，復也。怒於甲者，不移於乙；過於前者，不復於後。顏子克己之功至於如此，可謂真好學矣。短命者，顏子三十二而卒也。既云今也則亡，又言未聞好學者，蓋深惜之，又以見真好學者之難得也。

程子曰：「顏子之怒，在物不在己，故不遷。有不善未嘗不知，知之未嘗復行，不貳過也。」

又曰：「喜怒在事，則理之當喜怒者也，不在血氣則不遷。若舜之誅四凶也，可怒在彼，己何與焉。如鑑之照物，姸媸在彼，隨物應之而已，何遷之有？」

又曰：「如顏子地位，豈有不善？所謂不善，只是微有差失。纔差失便能知之，纔知之便更不萌作。」

張子曰：「慊於己者，不使萌於再。」或曰：「詩書六藝，七十子非不習而通也，而夫子獨稱顏子為好學。顏子之所好，果何學歟？」

程子曰：「學以至乎聖人之道也。」「學之道奈何？」曰：「天地儲精，得五行之秀者為人。其本也真而靜，其未發也五性具焉，曰仁、義、禮、智、信。形既生矣，外物觸其形而動於中矣。其中動而七情出焉，曰喜、怒、哀、懼、愛、惡、欲。情既熾而益蕩，其性鑿矣。故學者約其情使合於中，正其心，養其性而已。然必先明諸心，知所往，然後力行以求至焉。若顏子之非禮勿視、聽、言、動，不遷怒貳過者，則其好之篤而學之得其道也。然其未至於聖人者，守之也，非化之也。假之以年，則不日而化矣。今人乃謂聖本生知，非學可至，而所以為學者，不過記誦文辭之間，其亦異乎顏子之學矣。」

子華使於齊，冉子爲其母請粟。子曰：「與之釜。」請益。曰：「與之庾。」冉子與之粟五秉。子曰：「赤之適齊也，乘肥馬，衣輕裘。吾聞之也，君子周急不繼富。」原思爲之宰，與之粟九百，辭。子曰：「毋！以與爾鄰里鄉黨乎！」

注 使、為，並去聲。衣，去聲。

注 子華，公西赤也。使，為孔子使也。釜，六斗四升。庾，十六斗。秉，十六斛。

注 乘肥馬、衣輕裘，言其富也。急，窮迫也。周者，補不足。繼者，續有餘。

▲原思，孔子弟子，名憲。孔子為魯司寇時，以思為宰。粟，宰之祿也。九百不言其量，不可考。

▲毋，禁止辭。五家為鄰，二十五家為里，萬二千五百家為鄉，五百家為黨。言常祿不當辭，有餘自可推之以周貧乏，蓋鄰、里、鄉、黨有相周之義。

程子曰：「夫子之使子華，子華之為夫子使，義也。而冉子乃為之請，聖人寬容，不欲直拒人。故與之少，所以示不當與也。請益而與之亦少，所以示不當益也。求未達而自與之多，則己過矣，故夫子非之。蓋赤苟至乏，則夫子必自周之，不待請矣。原思為宰，則有常祿。思辭其多，故又教以分諸鄰里之貧者，蓋亦莫非義也。」

張子曰：「於斯二者，可見聖人之用財矣。」

子謂仲弓曰：「犁牛之子騂且角，雖欲勿用，山川其舍諸？」

注 犁，利之反。騂，息營反。舍，上聲。

▲犁，雜文。騂，赤色。周人尚赤，牲用騂。角，角周正，中犧牲也。用，用以祭也。山川，山川之神也。言人雖不用，神必不舍也。仲弓父賤而行惡，故夫子以此譬之。言父之惡，不能廢其子之善，如仲弓之賢，自當見用於世也。然此論仲弓云爾，非與仲弓言也。

范氏曰：「以瞽瞍為父而有舜，以鯀為父而有禹。古之聖賢，不係於世類，尚矣。子能改父之過，變惡以為美，則可謂孝矣。」

子曰：「回也，其心三月不違仁，其餘則日月至焉而已矣。」

▲三月，言其久。仁者，心之德。心不違仁者，無私欲而有其德也。日月至焉者，或日一至焉，或月一至焉，能造其域而不能久也。

程子曰：「三月，天道小變之節，言其久也，過此則聖人矣。不違仁，只是無纖毫私欲。少有私欲，便是不仁。」

尹氏曰：「此顏子於聖人，未達一間者也，若聖人則渾然無間斷矣。」張子曰：「始學之要，當知『三月不違』與『日月至焉』內外賓主之辨。使心意勉勉循循而不能已，過此幾非在我者。」

季康子問：「仲由可使從政也與？」子曰：「由也果，於從政乎何有？」曰：「賜也，可使從政也與？」曰：「賜也達，於從政乎何有？」曰：「求也，可使從政也與？」曰：「求也藝，於從政乎何有？」

注 與，平聲。

注 從政，謂為大夫。果，有決斷。達，通事理。藝，多才能。

程子曰：「季康子問三子之才可以從政乎？夫子答以各有所長。非惟三子，人各有所長，能取其長，皆可用也。」

季氏使閔子騫為費宰。閔子騫曰：「善為我辭焉。如有復我者，則吾必在汶上矣。」

注 費，音秘。為，去聲。汶，音問。

▲閔子騫，孔子弟子，名損。費，季氏邑。汶，水名，在齊南魯北境上。閔子不欲臣季氏，令使者善為己辭。言若再來召我，則當去之齊。

程子曰：「仲尼之門，能不仕大夫之家者，閔子、曾子數人而已。」

謝氏曰：「學者能少知內外之分，皆可以樂道而忘人之勢。況閔子得聖人為之依歸，彼其視季氏不義之富貴，不啻犬彘。又從而臣之，豈其心哉？在聖人則有不然者，蓋居亂邦、見惡人，在聖人則可，自聖人以下，剛則必取禍，柔則必取辱。閔子豈不能早見而豫待之乎？如由也不得其死，求也為季氏附益，夫豈其本心哉？蓋既無先見之知，又無克亂之才故也。然則閔子其賢乎？」

伯牛有疾，子問之，自牖執其手，曰：「亡之，命矣夫！斯人也而有斯疾也！斯人也而有斯疾也！」

注 夫，音扶。

▲伯牛，孔子弟子，姓冉，名耕。有疾，先儒以為癩也。牖，南牖也。《禮》：病者居北牖下。君視之，則遷於南牖下，使君得以南面視己。時伯牛家以此禮尊孔子，孔子不敢當，故不入其室，而自牖執其手，蓋與之永訣也。

命，謂天命。言此人不應有此疾，而今乃有之，是乃天之所命也。然則非其不能謹疾而有以致之，亦可見矣。

侯氏曰：「伯牛以德行稱，亞於顏、閔。故其將死也，孔子尤痛惜之。」

子曰：「賢哉，回也！一簞食，一瓢飲，在陋巷。人不堪其憂，回也不改其樂。賢哉，回也！」

注 食，音嗣。樂，音洛。

▲簞，竹器。食，飯也。瓢，瓠也。顏子之貧如此，而處之泰然，不以害其樂，故夫子再言「賢哉回也」以深歎美之。

程子曰：「顏子之樂，非樂簞瓢陋巷也，不以貧窶累其心而改其所樂也，故夫子稱其賢。」

又曰：「簞瓢陋巷非可樂，蓋自有其樂爾。其字當玩味，自有深意。」

又曰：「昔受學於周茂叔，每令尋仲尼顏子樂處，所樂何事？」

愚按：程子之言，引而不發，蓋欲學者深思而自得之，今亦不敢妄為之說。學者但當從事於博文約禮之誨，以至於欲罷不能而竭其才，則庶乎有以得之矣。

冉求曰：「非不說子之道，力不足也。」子曰：「力不足者，中道而廢。今女畫。」

注 說，音悅。女，音汝。

力不足者，欲進而不能。畫者，能進而不欲。謂之畫者，如畫地以自限也。

胡氏曰：「夫子稱顏回不改其樂，冉求聞之，故有是言。然使求說夫子之道，誠如口之說芻豢，則必將盡力以求之，何患力之不足哉？畫而不進，則日退而已矣，此冉求之所以局於藝也。」

子謂子夏曰：「女爲君子儒，無爲小人儒。」

注 儒，學者之稱。

▲程子曰：「君子儒為己，小人儒為人。」

謝氏曰：「君子小人之分，義與利之間而已。然所謂利者，豈必殖貨財之謂？以私滅公，適己自便，凡可以害天理者皆利也。子夏文學雖有餘，然意其遠者大者或昧焉，故夫子語之以此。」

子游爲武城宰。子曰：「女得人焉爾乎？」曰：「有澹臺滅明者，行不由徑。非公事，未嘗至於偃之室也。」

注 女，音汝。澹，徒甘反。

▲武城，魯下邑。澹臺姓，滅明名，字子羽。徑，路之小而捷者。公事，如飲射讀法之類。不由徑，則動必以正，而無見小欲速之意可知。非公事不見邑宰，則其有以自守，而無枉己殉人之私可見矣。

楊氏曰：「為政以人才為先，故孔子以得人為問。如滅明者，觀其二事之小，而其正大之情可見矣。後世有不由徑者，人必以為迂；不至其室，人必以為簡。非孔氏之徒，其孰能知而取之？」

愚謂持身以滅明為法，則無苟賤之羞；取人以子游為法，則無邪媚之惑。

子曰：「孟之反不伐，奔而殿。將入門，策其馬，曰：『非敢後也，馬不進也。』」

注 殿，去聲。

注 孟之反，魯大夫，名側。

▲胡氏曰：「反即莊周所稱孟子反者是也。」伐，誇功也。奔，敗走也。軍後曰殿。策，鞭也。戰敗而還，以後為功。反奔而殿，故以此言自揜其功也。事在哀公十一年。

謝氏曰：「人能操無欲上人之心，則人欲日消、天理日明，而凡可以矜己誇人者，皆無足道矣。然不知學者欲上人之心無時而忘也，若孟之反，可以為法矣。」

子曰：「不有祝鮀之佞而有宋朝之美，難乎免於今之世矣！」

注 鮀，徒河反。

▲祝，宗廟之官。鮀，衛大夫，字子魚，有口才。朝，宋公子，有美色。言衰世好諛悅色，非此難免，蓋傷之也。

子曰：「誰能出不由戶？何莫由斯道也？」

▲言人不能出不由戶，何故乃不由此道邪？怪而歎之之辭。
洪氏曰：「人知出必由戶，而不知行必由道。非道遠人，人自遠爾。」

子曰：「質勝文則野，文勝質則史。文質彬彬，然後君子。」

▲野，野人，言鄙略也。史，掌文書，多聞習事，而誠或不足也。彬彬，猶班班，物相雜而適均之貌。言學者當損有餘，補不足，至於成德，則不期然而然矣。
楊氏曰：「文質不可以相勝。然質之勝文，猶之甘可以受和，白可以受采也。文勝而至於滅質，則其本亡矣。雖有文，將安施乎？然則與其史也，寧野。」

子曰：「人之生也直，罔之生也幸而免。」

▲程子曰：「生理本直。罔，不直也，而亦生者，幸而免爾。」

子曰：「知之者不如好之者，好之者不如樂之者。」

注 好，去聲。樂，音洛。
▲尹氏曰：「知之者，知有此道也。好之者，好而未得也。樂之者，有所得而樂之也。」
張敬夫曰：「譬之五穀，知者知其可食者也，好者食而嗜之者也，樂者嗜之而飽者也。知而不能好，則是知之未

至也；好之而未及於樂，則是好之未至也。此古之學者，所以自強而不息者歟？」

子曰：「中人以上，可以語上也；中人以下，不可以語上也。」

注 以上之上，上聲。語，去聲。

▲語，告也。言教人者，當隨其高下而告語之，則其言易入而無躐等之弊也。

張敬夫曰：「聖人之道，精粗雖無二致，但其施教，則必因其材而篤焉。蓋中人以下之質，驟而語之太高，非惟不能以入，且將妄意躐等，而有不切於身之弊，亦終於下而已矣。故就其所及而語之，是乃所以使之切問近思，而漸進於高遠也。」

樊遲問知。子曰：「務民之義，敬鬼神而遠之，可謂知矣。」問仁。曰：「仁者先難而後獲，可謂仁矣。」

注 知、遠，皆去聲。

▲民，亦人也。獲，謂得也。專用力於人道之所宜，而不惑於鬼神之不可知，知者之事也。先其事之所難，而後其效之所得，仁者之心也。此必因樊遲之失而告之。

程子曰：「人多信鬼神，惑也。而不信者又不能敬，能敬能遠，可謂知矣。」

又曰：「先難，克己也。以所難為先，而不計所獲，仁也。」

呂氏曰：「當務為急，不求所難知；力行所知，不憚所難為。」

子曰：「知者樂水，仁者樂山；知者動，仁者靜；知者樂，仁者壽。」

注 知，去聲。樂，上二字並五教反，下一字音洛。

▲樂，喜好也。知者達於事理而周流無滯，有似於水，故樂水；仁者安於義理而厚重不遷，有似於山，故樂山。動靜以體言，樂壽以效言也。動而不括故樂，靜而有常故壽。

程子曰：「非體仁知之深者，不能如此形容之。」

子曰：「齊一變，至於魯；魯一變，至於道。」

▲孔子之時，齊俗急功利，喜誇詐，乃霸政之餘習。魯則重禮教，崇信義，猶有先王之遺風焉，但人亡政息，不能無廢墜爾。道，則先王之道也。言二國之政俗有美惡，故其變而之道有難易。

程子曰：「夫子之時，齊強魯弱，孰不以為齊勝魯也，然魯猶存周公之法制。齊由桓公之霸，為從簡尚功之治，太公之遺法變易盡矣，故一變乃能至魯。魯則修舉廢墜而已，一變則至於先王之道也。」愚謂二國之俗，惟夫子為能變之而不得試。然因其言以考之，則其施為緩急之序，亦略可見矣。

子曰：「觚不觚，觚哉！觚哉！」

注 觚，音孤。

▲觚，棱也，或曰酒器，或曰木簡，皆器之有棱者也。不觚者，蓋當時失其制而不為棱也。觚哉觚哉，言不得為觚也。

程子曰：「觚而失其形制，則非觚也。舉一器，而天下之物莫不皆然。故君而失其君之道，則為不君；臣而失其臣之職，則為虛位。」

范氏曰：「人而不仁則非人，國而不治則不國矣。」

宰我問曰：「仁者，雖告之曰：『井有仁焉。』其從之也？」子曰：「何爲其然也？君子可逝也，不可陷也；可欺也，不可罔也。」

▲劉聘君曰，「有仁之仁當作人」，今從之。從，謂隨之於井而救之也。宰我通道不篤，而憂為仁之陷害，故有此問。逝，謂使之往救。陷，謂陷之於井。欺，謂誑之以理之所有。罔，謂昧之以理之所無。蓋身在井上，乃可以救井中之人；若從之於井，則不復能救之矣。此理甚明，人所易曉，仁者雖切於救人而不私其身，然不應如此之愚也。

子曰：「君子博學於文，約之以禮，亦可以弗畔矣夫！」

注 夫，音扶。

▲約，要也。畔，背也。君子學欲其博，故於文無不考；守欲其要，故其動必以禮。如此，則可以不背於道矣。

程子曰：「博學於文而不約之以禮，必至於汗漫。博學矣，又能守禮而由於規矩，則亦可以不畔道矣。」

子見南子，子路不說。夫子矢之曰：「予所否者，天厭之！天厭之！」

注說，音悅。否，方九反。

▲南子，衛靈公之夫人，有淫行。孔子至衛，南子請見，孔子辭謝，不得已而見之。蓋古者仕於其國，有見其小君之禮。而子路以夫子見此淫亂之人為辱，故不悅。矢，誓也。所，誓辭也，如云「所不與崔、慶者」之類。否，謂不合於禮，不由其道也。厭，棄絕也。聖人道大德全，無可不可。其見惡人，固謂在我有可見之禮，則彼之不善，我何與焉。然此豈子路所能測哉？故重言以誓之，欲其姑信此而深思以得之也。

子曰：「中庸之爲德也，其至矣乎！民鮮久矣。」

注鮮，上聲。

▲中者，無過無不及之名也。庸，平常也。至，極也。鮮，少也。言民少此德，今已久矣。

程子曰：「不偏之謂中，不易之謂庸。中者天下之正道，庸者天下之定理。自世教衰，民不興於行，少有此德久矣。」

子貢曰：「如有博施於民而能濟眾，何如？可謂仁乎？」子曰：「何事於仁，必也聖乎！堯舜其猶病諸！夫仁者，己欲立而立人，己欲達而達人。能近取譬，可謂仁之方也已。」

注 施，去聲。夫，音扶。

▲博，廣也。仁以理言，通乎上下；聖以地言，則造其極之名也。乎者，疑而未定之辭。病，心有所不足也。言此何止於仁，必也聖人能之乎！則雖堯舜之聖，其心猶有所不足於此也。以是求仁，愈難而愈遠矣。

▲以己及人，仁者之心也。於此觀之，可以見天理之周流而無閑矣。狀仁之體，莫切於此。

▲譬，喻也。方，術也。近取諸身，以己所欲譬之他人，知其所欲亦猶是也。然後推其所欲以及於人，則恕之事而仁之術也。於此勉焉，則有以勝其人欲之私，而全其天理之公矣。

程子曰：「醫書以手足痿痹為不仁，此言最善名狀。仁者以天地萬物為一體，莫非己也。認得為己，何所不至；若不屬己，自與己不相干。如手足之不仁，氣已不貫，皆不屬己。故博施濟眾，乃聖人之功用。仁至難言，故止曰：『己欲立而立人，己欲達而達人，能近取譬，可謂仁之方也已。』欲令如是觀仁，可以得仁之體。」

又曰：「《論語》言『堯舜其猶病諸』者二。夫博施者，豈非聖人之所欲？然必五十乃衣帛，七十乃食肉。聖人之心，非不欲少者亦衣帛食肉也，顧其養有所不贍爾，此病其施之不博也。濟眾者，豈非聖人之所欲？然治不過九州。聖人非不欲四海之外亦兼濟也，顧其治有所不及爾，此病其濟之不眾也。推此以求，修己以安百姓，則為病可知。苟以吾治已足，則便不是聖人。」

呂氏曰：「子貢有志於仁，徒事高遠，未知其方。孔子教以於己取之，庶近而可入。是乃為仁之方，雖博施濟眾，亦由此進。」

述而第七

解題

本篇的首章記載孔子說自己「述而不作」，故以「述而」名篇，共有三十八章。邢昺的《論語注疏》言：「此篇皆明孔子之志行也，以前篇論賢人君子及仁者之德行，成德有漸，故以聖人次之。」朱子《論語集注》亦言：「此篇多記聖人謙己誨人之辭，及其容貌行事之實。」本篇對孔子的介紹，有些是孔子自述，有些是弟子的側記，都可以讓我們進一步認識孔子。

這些對孔子的介紹，大致包含以下面向：

1. 謙虛的性格：孔子說自己只是「述而不作，信而好古」、「非生而知之者，好古，敏以求之」。但事實上，他不但傳述古代典籍，自己也有創作，更有引領時代的貢獻，既有傳承，也有開新。他的「好古」也不是守舊，而是對文化激濺的研究探索，知道自己從何而來，才能知道自己未來的方向，既是鑑往，也是知來。如此偉大的人物，卻以這樣謙遜的說法來自我介紹，眞可說是虛懷若谷了。

2. 好學不倦的態度：在子路不知道怎麼介紹孔子時，孔子說自己「發憤忘食，樂以忘憂，不知老之將至云爾」，在本篇中，還兩度說自己從不厭倦爲學，到了五十歲，仍希望自己可以學《易》，好學不倦的態度，令人敬佩。更可貴的是，孔子的爲學，向來不是以成就自己而滿足，他還希望盡自己最大的能量去教別人。公西華感歎自己學不到這樣，《孟子．公孫丑上》也記載子貢說孔子：「學不厭，智也；教不倦，仁也。仁且智，夫子既聖矣！」弟子對孔子的孺慕之情，溢於言表。

3. 偉大宏遠的抱負：孔子主張「志於道，據於德，依於人，游於藝。」以行道爲自己的志向，以道德爲立身的準據，又以仁爲處事的根基，致力於六藝之事，以恢復成周禮樂文化爲己任，擔憂自己不修德、不講學、不徙義、不從善。認爲即使在粗茶淡飯中，也會有人生的眞快樂，對於一般人所留戀的名祿富貴，強調應取之有道，而不願做「不義而富且貴」的事。其立身抱負之偉大，是非常讓人景仰的。

4. 正向有效的教育：孔子主張有教無類，只要是有心向學，他都願意引領教導，即使是一般人認爲難以教化的對象，他也認爲應該要鼓勵他們上進，而不該對他們有成見。這個教學理念強調了對人性的尊重與信任，也提醒教學者不應放棄任何一個學生。在教學方法上，強調啟發互動，希望學生能多聞多見、舉一反三；教學內容則堅持以詩書禮等傳統經典爲主，再輔以社會實踐、道德訓練，不願媚俗去談怪力亂神之事。凡此種種，都對我國的教育發展有深遠影響。

5. 仁民愛物的胸懷：本篇記載孔子在有喪事的人身旁會吃不下飯，在先人忌日時不歌唱，對於齋戒、戰爭及疾病之事特別慎重，可以看見他以天下蒼生爲念的胸懷。「釣而不網，弋不射宿」章，則可見孔子仁愛萬物之心，也可說是他的生態保育觀念的展現了。

6. 簡易自然的神態：本篇末「子溫而厲，威而不猛，恭而安」章，很值得我們仔細玩味。「溫和」、「嚴厲」、「恭敬」是展現在外的儀態，固然可以給人第一印象，但在儀態外表之下，眞實的情感態度應該更爲重要。孔子所展現出來的神態便是外表溫和，但內心有原則；外表嚴厲，但內心並不凶猛；外表恭敬，內心也是眞實安定的。也正是因爲這樣的表裡如一，所以能成就坦蕩自然的眞君子。

此篇多記聖人謙己誨人之辭及其容貌行事之實。凡三十七章。

子曰：「述而不作，信而好古，竊比於我老彭。」

注 好，去聲。

▲述，傳舊而已。作，則創始也。故作非聖人不能，而述則賢者可及。竊比，尊之之辭。我，親之之辭。老彭，商賢大夫，見《大戴禮》，蓋信古而傳述者也。孔子刪《詩》、《書》，定《禮》、《樂》，贊《周易》，修《春秋》，皆傳先王之舊，而未嘗有所作也，故其自言如此。蓋不惟不敢當作者之聖，而亦不敢顯然自附於古之賢人，蓋其德愈盛而心愈下，不自知其辭之謙也。然當是時，作者略備，夫子蓋集群聖之大成而折衷之。其事雖述，而功則倍於作矣，此又不可不知也。

子曰：「默而識之，學而不厭，誨人不倦，何有於我哉？」

注 識，音志，又如字。

▲識，記也。默識，謂不言而存諸心也。一說：識，知也，不言而心解也。前說近是。何有於我，言何者能有於我也。三者已非聖人之極至，而猶不敢當，則謙而又謙之辭也。

子曰：「德之不修，學之不講，聞義不能徙，不善不能改，是吾憂也。」

▲尹氏曰：「德必修而後成，學必講而後明，見善能徙，改過不吝，此四者日新之要也。苟未能之，聖人猶憂，況學者乎？」

子之燕居，申申如也，夭夭如也。

注 燕居，閒暇無事之時。

▲楊氏曰：「申申，其容舒也。夭夭，其色愉也。」

程子曰：「此弟子善形容聖人處也，為申申字說不盡，故更著夭夭字。今人燕居之時，不怠惰放肆，必太嚴厲。嚴厲時著此四字不得，怠惰放肆時亦著此四字不得，惟聖人便自有中和之氣。」

子曰：「甚矣吾衰也！久矣吾不復夢見周公。」

注 復，扶又反。

▲孔子盛時，志欲行周公之道，故夢寐之間，如或見之。至其老而不能行也，則無復是心，而亦無復是夢矣，故因此而自歎其衰之甚也。

程子曰：「孔子盛時，寤寐常存行周公之道；及其老也，則志慮衰而不可以有為矣。蓋存道者心，無老少之異；而行道者身，老則衰也。」

子曰：「志於道，據於德，依於仁，游於藝。」

▲志者，心之所之之謂。道，則人倫日用之間所當行者是也。如此而心必之焉，則所適者正，而無他岐之惑矣。

▲據者，執守之意。德者，得也，得其道於心而不失之謂也。得之於心而守之不失，則終始惟一，而有日新之功矣。

▲依者，不違之謂。仁，則私欲盡去而心德之全也。功夫至此而無終食之違，則存養之熟，無適而非天理之流行矣。

▲游者，玩物適情之謂。藝，則禮樂之文，射、御、書、數之法，皆至理所寓，而日用之不可闕者也。朝夕游焉，以博其義理之趣，則應務有餘，而心亦無所放矣。

▲此章言人之為學當如是也。蓋學莫先於立志，志道，則心存於正而不他；據德，則道得於心而不失；依仁，則德性常用而物欲不行；游藝，則小物不遺而動息有養。學者於此，有以不失其先後之序、輕重之倫焉，則本末兼該，內外交養，日用之間，無少間隙，而涵泳從容，忽不自知其入於聖賢之域矣。

子曰：「自行束修以上，吾未嘗無誨焉。」

▲修，脯也。十脡為束。古者相見，必執贄以為禮，束修其至薄者。蓋人之有生，同具此理，故聖人之於人，無不欲其入於善。但不知來學，則無往教之禮，故苟以禮來，則無不有以教之也。

子曰：「不憤不啟，不悱不發，舉一隅不以三隅反，則不復也。」

注 憤，房粉反。悱，芳匪反。復，扶又反。

▲憤者，心求通而未得之意。悱者，口欲言而未能之貌。啟，謂開其意。發，謂達其辭。物之有四隅者，舉一可知其三。反者，還以相證之義。復，再告也。上章已言聖人誨人不倦之意，因并記此，欲學者勉於用力，以為受教之地也。程子曰：「憤悱，誠意之見於色辭者也。待其誠至而後告之。既告之，又必待其自得，乃復告爾。」又曰：「不待憤悱而發，則知之不能堅固，待其憤悱而後發，則沛然矣。」

子食於有喪者之側，未嘗飽也。子於是日哭，則不歌。

注 臨喪哀，不能甘也。

▲哭，謂弔哭。日之內，餘哀未忘，自不能歌也。謝氏曰：「學者於此二者，可見聖人情性之正也。能識聖人之情性，然後可以學道。」

子謂顏淵曰：「用之則行，舍之則藏，惟我與爾有是夫！」子路曰：「子行三軍，則誰與？」子曰：「暴虎馮河，死而無悔者，吾不與也。必也臨事而懼，好謀而成者也。」

注 舍，上聲。夫，音扶。馮，皮冰反。好，去聲。

▲尹氏曰：「用舍無與於己，行藏安於所遇，命不足道也。顏子幾於聖人，故亦能之。」

▲萬二千五百人為軍，大國三軍。子路見孔子獨美顏淵，自負其勇，意夫子若行三軍，必與己同。

▲暴虎，徒搏。馮河，徒涉。懼，謂敬其事。成，謂成其謀。言此皆以抑其勇而教之，然行師之要實不外此，子路蓋不知也。

謝氏曰：「聖人於行藏之間，無意無必。其行非貪位，其藏非獨善也。若有欲心，則不用而求行，舍之而不藏矣，是以惟顏子為可以與於此。子路雖非有欲心者，然未能無固必也，至以行三軍為問，則其論益卑矣。夫子之言，蓋因其失而救之。夫不謀無成，不懼必敗，小事尚然，而況於行三軍乎？」

子曰：「富而可求也，雖執鞭之士，吾亦為之。如不可求，從吾所好。」

注 好，去聲。

▲執鞭，賤者之事。設言富若可求，則雖身為賤役以求之，亦所不辭。然有命焉，非求之可得也，則安於義理而已

矣，何必徒取辱哉？
蘇氏曰：「聖人未嘗有意於求富也，豈問其可不可哉？為此語者，特以明其決不可求爾。」
楊氏曰：「君子非惡富貴而不求，以其在天，無可求之道也。」

子之所慎：齊，戰，疾。

注齊，側皆反。

▲齊之為言齊也，將祭而齊其思慮之不齊者，以交於神明也。誠之至與不至，神之饗與不饗，皆決於此。戰則眾之死生、國之存亡繫焉。疾又吾身之所以死生存亡者，皆不可以不謹也。
尹氏曰：「夫子無所不謹，弟子記其大者耳。」

子在齊聞〈韶〉，三月不知肉味。曰：「不圖為樂之至於斯也！」

▲《史記》三月上有「學之」二字。不知肉味，蓋心一於是而不及乎他也。曰：不意舜之作樂至於如此之美，則有以極其情文之備，而不覺其歎息之深也，蓋非聖人不足以及此。
范氏曰：「〈韶〉盡美又盡善，樂之無以加此也。故學之三月，不知肉味，而歎美之如此。誠之至，感之深也。」

冉有曰：「夫子為衛君乎？」子貢曰：「諾。吾將問之。」入，曰：

「伯夷、叔齊何人也？」曰：「古之賢人也。」曰：「怨乎？」曰：「求仁而得仁，又何怨。」出，曰：「夫子不爲也。」

注 為，去聲。

▲為，猶助也。衛君，出公輒也。靈公逐其世子蒯聵。公薨，而國人立蒯聵之子輒，於是晉納蒯聵而輒拒之。時孔子居衛，衛人以蒯聵得罪於父，而輒嫡孫當立，故冉有疑而問之。諾，應辭也。

▲伯夷、叔齊，孤竹君之二子。其父將死，遺命立叔齊。父卒，叔齊遜伯夷，伯夷曰：「父命也」，遂逃去。叔齊亦不立而逃之，國人立其中子。其後武王伐紂，夷、齊扣馬而諫。武王滅商，夷、齊恥食周粟，去隱於首陽山，遂餓而死。怨，猶悔也。君子居是邦，不非其大夫，況其君乎？故子貢不斥衛君，而以夷、齊為問。夫子告之如此，則其不為衛君可知矣。蓋伯夷以父命為尊，叔齊以天倫為重。其遜國也，皆求所以合乎天理之正，而即乎人心之安。既而各得其志焉，則視棄其國猶敝蹝爾，何怨之有？若衛輒之據國拒父而惟恐失之，其不可同年而語明矣。程子曰：「伯夷、叔齊遜國而逃，諫伐而餓，終無怨悔，夫子以為賢，故知其不與輒也。」

子曰：「飯疏食飲水，曲肱而枕之，樂亦在其中矣。不義而富且貴，於我如浮雲。」

注 飯，符晚反。食，音嗣。枕，去聲。樂，音洛。

▲飯，食之也。疏食，麤飯也。聖人之心，渾然天理，雖處困極，而樂亦無不在焉。其視不義之富貴，如浮雲之無有，漠然無所動於其中也。

程子曰：「非樂疏食飲水也，雖疏食飲水，不能改其樂也。不義之富貴，視之輕如浮雲然。」

又曰：「須知所樂者何事。」

子曰：「加我數年，五十以學《易》，可以無大過矣。」

▲劉聘君見元城劉忠定公自言嘗讀他論，「加」作假，「五十」作卒。蓋加、假聲相近而誤讀，卒與五十字相似而誤分也。

愚按：此章之言，《史記》作為「假我數年，若是我於《易》則彬彬矣。」加正作假，而無五十字。蓋是時，孔子年已幾七十矣，五十字誤無疑也。學《易》，則明乎吉凶消長之理，進退存亡之道，故可以無大過。蓋聖人深見《易》道之無窮，而言此以教人，使知其不可不學，而又不可以易而學也。

子所雅言，《詩》、《書》、執《禮》，皆雅言也。

▲雅，常也。執，守也。《詩》以理情性，《書》以道政事，《禮》以謹節文，皆切於日用之實，故常言之。《禮》獨言執者，以人所執守而言，非徒誦說而已也。

程子曰：「孔子雅素之言，止於如此。若性與天道，則有不可得而聞者，要在默而識之也。」

謝氏曰：「此因學《易》之語而類記之。」

葉公問孔子於子路，子路不對。子曰：「女奚不曰，其爲人也，發憤忘食，樂以忘憂，不知老之將至云爾。」

注 葉，舒涉反。

▲葉公，楚葉縣尹沈諸梁，字子高，僭稱公也。葉公不知孔子，必有非所問而問者，故子路不對。抑亦以聖人之德，實有未易名言者與？

▲未得，則發憤而忘食；已得，則樂之而忘憂。以是二者俛焉日有孳孳，而不知年數之不足，但自言其好學之篤耳。然深味之，則見其全體至極，純亦不已之妙，有非聖人不能及者。蓋凡夫子之自言類如此，學者宜致思焉。

子曰：「我非生而知之者，好古，敏以求之者也。」

注 好，去聲。

▲生而知之者，氣質清明，義理昭著，不待學而知也。敏，速也，謂汲汲也。

尹氏曰：「孔子以生知之聖，每云好學者，非惟勉人也，蓋生而可知者義理爾，若夫禮樂名物，古今事變，亦必待學而後有以驗其實也。」

子不語怪，力，亂，神。

▲怪異、勇力、悖亂之事，非理之正，固聖人所不語。鬼神，造化之跡，雖非不正，然非窮理之至，有未易明者，

故亦不輕以語人也。

謝氏曰：「聖人語常而不語怪，語德而不語力，語治而不語亂，語人而不語神。」

子曰：「三人行，必有我師焉。擇其善者而從之，其不善者而改之。」

▲三人同行，其一我也，彼二人者，一善一惡，則我從其善而改其惡焉，是二人者皆我師也。

尹氏曰：「見賢思齊，見不賢而內自省，則善惡皆我之師，進善其有窮乎？」

子曰：「天生德於予，桓魋其如予何？」

注 魋，徒雷反。

▲桓魋，宋司馬向魋也。出於桓公，故又稱桓氏。魋欲害孔子，孔子言天既賦我以如是之德，則桓魋其奈我何？言必不能違天害己。

子曰：「二三子以我為隱乎？吾無隱乎爾。吾無行而不與二三子者，是丘也。」

▲諸弟子以夫子之道高深不可幾及，故疑其有隱，而不知聖人作、止、語、默無非教也，故夫子以此言曉之。與，猶示也。

程子曰：「聖人之道猶天然，門弟子親炙而冀及之，然後知其高且遠也。使誠以為不可及，則趨向之心不幾於怠乎？故聖人之教，常俯而就之如此，非獨使資質庸下者勉思企及，而才氣高邁者亦不敢躐易而進也。」

呂氏曰：「聖人體道無隱，與天象昭然，莫非至教。常以示人，而人自不察。」

子以四教：文，行，忠，信。

注 行，去聲。

▲程子曰：「教人以學文修行而存忠信也。忠信，本也。」

子曰：「聖人，吾不得而見之矣，得見君子者，斯可矣。」子曰：「善人，吾不得而見之矣，得見有恆者，斯可矣。亡而爲有，虛而爲盈，約而爲泰，難乎有恆矣。」

注 恆，胡登反。亡，讀為無。

▲聖人，神明不測之號。君子，才德出眾之名。

「子曰」字疑衍文。恆，常久之意。

張子曰：「有恆者，不貳其心。善人者，志於仁而無惡。」

▲三者皆虛誇之事，凡若此者，必不能守其常也。

張敬夫曰：「聖人、君子以學言，善人、有恆者以質言。」愚謂有恆者之與聖人，高下固懸絕矣，然未有不自有恆而能至於聖者也。故章末申言有恆之義，其示人入德之門，可謂深切而著明矣。

子釣而不綱，弋不射宿。

注 射，食亦反。

▲綱，以大繩屬網，絕流而漁者也。弋，以生絲繫矢而射也。宿，宿鳥。洪氏曰：「孔子少貧賤，為養與祭，或不得已而釣弋，如獵較是也。然盡物取之，出其不意，亦不為也。此可見仁人之本心矣。待物如此，待人可知；小者如此，大者可知。」

子曰：「蓋有不知而作之者，我無是也。多聞擇其善者而從之，多見而識之，知之次也。」

注 識，音志。

▲不知而作，不知其理而妄作也。孔子自言未嘗妄作，蓋亦謙辭，然亦可見其無所不知也。識，記也。所從不可不擇，記則善惡皆當存之，以備參考。如此者雖未能實知其理，亦可以次於知之者也。

互鄉難與言，童子見，門人惑。子曰：「與其進也，不與其退也，惟何甚！人潔己以進，與其潔也，不保其往也。」

注 見，賢遍反。

▲互鄉，鄉名。其人習於不善，難與言善。惑者，疑夫子不當見之也。

▲疑此章有錯簡。「人潔」至「往也」十四字，當在「與其進也」之前。潔，修治也。與，許也。往，前日也。言人潔己而來，但許其能自潔耳，固不能保其前日所為之善惡也，但許其進而來見耳，非許其既退而為不善也。蓋不追其既往，不逆其將來，以是心至，斯受之耳。惟字上下，疑又有闕文，大抵亦不為已甚之意。

程子曰：「聖人待物之洪如此。」

子曰：「仁遠乎哉？我欲仁，斯仁至矣。」

▲仁者，心之德，非在外也。放而不求，故有以為遠者，反而求之，則即此而在矣，夫豈遠哉？

程子曰：「為仁由己，欲之則至，何遠之有？」

陳司敗問昭公知禮乎？孔子曰：「知禮。」孔子退，揖巫馬期而進之，曰：「吾聞君子不黨，君子亦黨乎？君取於吳爲同姓，謂之吳孟子。君而知禮，孰不知禮？」巫馬期以告。子曰：「丘也幸，苟有過，人必知之。」

注 取，七住反。

▲陳，國名。司敗，官名，即司寇也。昭公，魯君，名裯。習於威儀之節，當時以為知禮。故司敗以為問，而孔子答之如此。

▲巫馬姓，期字，孔子弟子，名施。司敗揖而進之也。相助匿非曰黨。禮不娶同姓，而魯與吳皆姬姓，謂之吳孟子者，諱之使若宋女子姓者然。

▲孔子不可自謂諱君之惡，又不可以娶同姓為知禮，故受以為過而不辭。

吳氏曰：「魯蓋夫子父母之國，昭公，魯之先君也。司敗又未嘗顯言其事，而遽以知禮為問，其對之宜如此也。及司敗以為有黨，而夫子受以為過，蓋夫子之盛德，無所不可也。然其受以為過也，亦不正言其所以過，初若不知孟子之事者，可以為萬世之法矣。」

子與人歌而善，必使反之，而後和之。

注 和，去聲。

▲反，復也。必使復歌者，欲得其詳而取其善也；而後和之者，喜得其詳而與其善也。此見聖人氣象從容，誠意懇至，而其謙遜審密，不掩人善又如此。蓋一事之微，而眾善之集，有不可勝既者焉，讀者宜詳味之。

子曰：「文，莫吾猶人也。躬行君子，則吾未之有得。」

▲莫，疑辭。猶人，言不能過人，而尚可以及人。未之有得，則全未有得，皆自謙之辭。而足以見言行之難易緩

急，欲人之勉其實也。

謝氏曰：「文雖聖人無不與人同，故不遜；能躬行君子，斯可以入聖，故不居。猶言君子道者三我無能焉。」

子曰：「若聖與仁，則吾豈敢？抑爲之不厭，誨人不倦，則可謂云爾已矣。」公西華曰：「正惟弟子不能學也。」

▲此亦夫子之謙辭也。聖者，大而化之。仁，則心德之全而人道之備也。為之，謂為仁聖之道。誨人，亦謂以此教人也。然不厭不倦，非己有之則不能，所以弟子不能學也。

晁氏曰：「當時有稱夫子聖且仁者，以故夫子辭之。苟辭之而已焉，則無以進天下之材，率天下之善，將使聖與仁為虛器，而人終莫能至矣。故夫子雖不居仁聖，而必以為之不厭、誨人不倦自處也。」可謂云爾已矣者，無他之辭也。公西華仰而歎之，其亦深知夫子之意矣。

子疾病，子路請禱。子曰：「有諸？」子路對曰：「有之。〈誄〉曰：『禱爾於上下神祇。』」子曰：「丘之禱久矣。」

注 誄，力軌反。

▲禱，謂禱於鬼神。有諸，問有此理否。〈誄〉者，哀死而述其行之辭也。上下，謂天地。天曰神，地曰祇。禱者，悔過遷善，以祈神之佑也。無其理則不必禱，既曰有之，則聖人未嘗有過，無善可遷。其素行固已合於神

明，故曰：「丘之禱久矣。」又〈士喪禮〉，疾病行禱五祀，蓋臣子迫切之至情，有不能自已者，初不請於病者而後禱也。故孔子之於子路，不直拒之，而但告以無所事禱之意。

子曰：「奢則不孫，儉則固。與其不孫也，寧固。」

注 孫，去聲。

▲孫，順也。固，陋也。奢儉俱失中，而奢之害大。

晁氏曰：「不得已而救時之弊也。」

子曰：「君子坦蕩蕩，小人長戚戚。」

注 坦，平也。蕩蕩，寬廣貌。

▲程子曰：「君子循理，故常舒泰；小人役於物，故多憂戚。」

程子曰：「君子坦蕩蕩，心寬體胖。」

子溫而厲，威而不猛，恭而安。

▲厲，嚴肅也。人之德性本無不備，而氣質所賦，鮮有不偏，惟聖人全體渾然，陰陽合德，故其中和之氣見於容貌之間者如此。門人熟察而詳記之，亦可見其用心之密矣。抑非知足以知聖人而善言德行者不能也，故程子以為曾子之言。學者所宜反復而玩心也。

泰伯第八

解題

本篇首章記孔子稱許泰伯德行之事，因以「泰伯」名篇。泰伯是周朝祖先太王古公亶父的長子，據說太王當時預見自己的三子季歷及季歷之子姬昌的賢能，想要打破宗法慣例，傳位給三子。泰伯爲了實現父親的願望，就偕同次弟仲雍出走南方，並斷髮文身，自號勾吳，不再返回故國。太王得以把君位傳給季歷和姬昌，後來姬昌擴張國勢，其子姬發更取殷商而代之，建立周朝。泰伯的孝悌與禮讓，成就了周朝後來的功業，因此孔子稱讚其「至德」。

邢昺《論語注疏》言：「此篇論禮讓仁孝之德，賢人君子之風，勸學立身，守道爲政，歎美正樂，鄙薄小人，遂稱堯、舜及禹、文王、武王。」可知此篇除了稱述泰伯，還記述了其他聖賢之德，而除了稱述先人，也還含有其他論學、論政及論德的內容。大抵而言，約有三端：

1. 孔子論古之聖賢：如泰伯及堯、舜、禹、文王、武王、周公等聖人。孔子稱讚堯是「惟天爲大，惟堯則之」。稱讚舜、禹雖擁有天下但卻不占爲己有，又稱述大禹大公無私的行爲。文王、武王則是能在已擁有三分之二的天下時，謹守禮法，敬事殷商，因而得到孔子的肯定。

在〈述而〉篇，孔子以久未夢見周公爲憾，於本篇中則是稱述周公既有才德，又能不驕不吝。

2. 孔子論政、論學：論政的部分，孔子展現了在「有道」及「無道」的時局下如何自處的智慧，並提醒我們爲政當謹守禮法名分，強調「不在其位，不謀其政」，又主張「恭」、「愼」、「勇」、「直」諸德都需合乎「禮」。統治者篤於親族，百姓就能趨向仁德，統治者不遺故舊，民情就不會澆薄。論學處則言「學如不及，猶恐失之」，鞭策我們既當時時求取新知，也要溫習舊知，也勉勵我們爲學當留意其「純粹性」，不該有求仕祿的企求。

3. 曾子論德：本篇中，有連續五章記載曾子之事或言，在《論語》體例中甚爲特殊，或許均出於曾子後學門人所記。所記有曾子在病重時論「全體貴生」以盡孝道，又提醒魯國貴族孟敬子關於儀容、臉色及語氣的修整。又記曾子稱述友人謙虛的德行、君子守道盡忠之事及知識分子當恢弘堅毅，以行仁爲己任，任重而道遠等。曾子比孔子年少四十六歲，是孔子晚年重要弟子之一，性格內向，處事謹愼，強調內省，篤行仁孝，遵守禮法，對於儒學的傳承有重要的影響。因此，《論語》中所記述的曾子言行，是非常値得我們重視的。

凡二十一章

子曰：「泰伯，其可謂至德也已矣！三以天下讓，民無得而稱焉。」

▲泰伯，周大王之長子。至德，謂德之至極，無以復加者也。三讓，謂固遜也。無得而稱，其遜隱微，無跡可見也。蓋大王三子：長泰伯，次仲雍，次季歷。大王之時，商道寖衰，而周日強大。季歷又生子昌，有聖德。大王因有翦商之志，而泰伯不從，大王遂欲傳位季歷以及昌。泰伯知之，即與仲雍逃之荊蠻。於是大王乃立季歷，傳國至昌，而三分天下有其二，是為文王。文王崩，子發立，遂克商而有天下，是為武王。夫以泰伯之德，當商周之際，固足以朝諸侯有天下矣，乃棄不取而又泯其跡焉，則其德之至極為何如哉！蓋其心即夷齊扣馬之心，而事之難處有甚焉者，宜夫子之歎息而讚美之也。泰伯不從，事見《春秋傳》。

子曰：「恭而無禮則勞，慎而無禮則葸，勇而無禮則亂，直而無禮則絞。君子篤於親，則民興於仁；故舊不遺，則民不偷。」

注 葸，絲里反。絞，古卯反。

▲葸，畏懼貌。絞，急切也。無禮則無節文，故有四者之弊。

▲君子，謂在上之人也。興，起也。偷，薄也。

張子曰：「人道知所先後，則恭不勞、慎不葸、勇不亂、直不絞，民化而德厚矣。」

吳氏曰：「君子以下，當自為一章，乃曾子之言也。」

愚按：此一節與上文不相蒙，而與首篇慎終追遠之意相類，吳說近是。

曾子有疾，召門弟子曰：「啟予足！啟予手！《詩》云：『戰戰兢兢，

如臨深淵，如履薄冰。』而今而後，吾知免夫！小子！」

注 夫，音扶。

▲啟，開也。曾子平日以為身體受於父母，不敢毀傷，故於此使弟子開其衾而視之。《詩．小旻》之篇。戰戰，恐懼。兢兢，戒謹。臨淵，恐墜。履冰，恐陷也。曾子以其所保之全示門人，而言其所以保之之難如此；至於將死，而後知其得免於毀傷也。小子，門人也。語畢而又呼之，以致反復丁寧之意，其警之也深矣。
程子曰：「君子曰終，小人曰死。君子保其身以沒，為終其事也，故曾子以全歸為免矣。」
尹氏曰：「父母全而生之，子全而歸之。曾子臨終而啟手足，為是故也。非有得於道，能如是乎？」
范氏曰：「身體猶不可虧也，況虧其行以辱其親乎？」

曾子有疾，孟敬子問之。曾子言曰：「鳥之將死，其鳴也哀；人之將死，其言也善。君子所貴乎道者三：動容貌，斯遠暴慢矣；正顏色，斯近信矣；出辭氣，斯遠鄙倍矣。籩豆之事，則有司存。」

注 遠、近，並去聲。

▲孟敬子，魯大夫仲孫氏，名捷。問之者，問其疾也。
▲言，自言也。鳥畏死，故鳴哀。人窮反本，故言善。此曾子之謙辭，欲敬子知其所言之善而識之也。
▲貴，猶重也。容貌，舉一身而言。暴，粗厲也。慢，放肆也。信，實也。正顏色而近信，則非色莊也。辭，言

語。氣，聲氣也。鄙，凡陋也。倍，與背同，謂背理也。籩，竹豆。豆，木豆。言道雖無所不在，然君子所重者，在此三事而已。是皆修身之要、為政之本，學者所當操存省察，而不可有造次顛沛之違者也。若夫籩豆之事，器數之末，道之全體固無不該，然其分則有司之守，而非君子之所重矣。

程子曰：「動容貌，舉一身而言也。周旋中禮，暴慢斯遠矣。正顏色則不妄，斯近信矣。出辭氣，正由中出，斯遠鄙倍。三者正身而不外求，故曰籩豆之事則有司存。」

尹氏曰：「養於中則見於外，曾子蓋以修己為為政之本。若乃器用事物之細，則有司存焉。」

曾子曰：「以能問於不能，以多問於寡。有若無，實若虛，犯而不校，昔者吾友嘗從事於斯矣。」

▲校，計校也。友，馬氏以為顏淵是也。顏子之心，惟知義理之無窮，不見物我之有間，故能如此。

謝氏曰：「不知有餘在己，不足在人；不必得為在己，失為在人，非幾於無我者不能也。」

曾子曰：「可以託六尺之孤，可以寄百里之命，臨大節而不可奪也。君子人與？君子人也。」

注 與，平聲。

▲其才可以輔幼君、攝國政，其節至於死生之際而不可奪，可謂君子矣。與，疑辭。也，決辭。設為問答，所以深

著其必然也。

程子曰：「節操如是，可謂君子矣。」

曾子曰：「士不可以不弘毅，任重而道遠。仁以爲己任，不亦重乎？死而後已，不亦遠乎？」

▲弘，寬廣也。毅，強忍也。非弘不能勝其重，非毅無以致其遠。

▲仁者，人心之全德，而必欲以身體而力行之，可謂重矣。一息尚存，此志不容少懈，可謂遠矣。

程子曰：「弘而不毅，則無規矩而難立；毅而不弘，則隘陋而無以居之。」又曰：「弘大剛毅，然後能勝重任而遠到。」

子曰：「興於詩，立於禮，成於樂。」

▲興，起也。詩本性情，有邪有正，其為言既易知，而吟詠之間，抑揚反復，其感人又易入。故學者之初，所以興起其好善惡惡之心，而不能自已者，必於此而得之。

▲禮以恭敬辭遜為本，而有節文度數之詳，可以固人肌膚之會，筋骸之束。故學者之中，所以能卓然自立，而不為事物之所搖奪者，必於此而得之。

▲樂有五聲十二律，更唱迭和，以為歌舞八音之節，可以養人之性情，而蕩滌其邪穢，消融其渣滓。故學者之終，所以至於義精仁熟，而自和順於道德者，必於此而得之，是學之成也。

按〈內則〉，十年學幼儀，十三學樂誦詩，二十而後學禮。則此三者，非小學傳授之次，乃大學終身所得之難易、先後、淺深也。

程子曰：「天下之英才不為少矣，特以道學不明，故不得有所成就。夫古人之詩，如今之歌曲，雖閭里童稚，皆習聞之而知其說，故能興起。今雖老師宿儒，尚不能曉其義，況學者乎？是不得興於詩也。古人自灑埽應對，以至冠、昏、喪、祭，莫不有禮。今皆廢壞，是以人倫不明，治家無法，是不得立於禮也。古人之樂，聲音所以養其耳，采色所以養其目，歌詠所以養其性情，舞蹈所以養其血脈。今皆無之，是不得成於樂也。是以古之成材也易，今之成材也難。」

子曰：「民可使由之，不可使知之。」

▲民可使之由於是理之當然，而不能使之知其所以然也。

程子曰：「聖人設教，非不欲人家喻而戶曉也，然不能使之知，但能使之由之爾。若曰聖人不使民知，則是後世朝四暮三之術也，豈聖人之心乎？」

子曰：「好勇疾貧，亂也。人而不仁，疾之已甚，亂也。」

注 好，去聲。

▲好勇而不安分，則必作亂。惡不仁之人而使之無所容，則必致亂。二者之心，善惡雖殊，然其生亂則一也。

子曰：「如有周公之才之美，使驕且吝，其餘不足觀也已。」

注 才美，謂智能技藝之美。驕，矜誇。吝，鄙嗇也。

▲程子曰：「此甚言驕吝之不可也。蓋有周公之德，則自無驕吝，若但有周公之才而驕吝焉，亦不足觀矣。」又曰：「驕，氣盈。吝，氣歉。」愚謂驕吝雖有盈歉之殊，然其勢常相因。蓋驕者吝之枝葉，吝者驕之本根。故嘗驗之天下之人，未有驕而不吝，吝而不驕者也。

子曰：「三年學，不至於穀，不易得也。」

注 易，去聲。

▲穀，祿也。至，疑當作志。為學之久，而不求祿，如此之人，不易得也。楊氏曰：「雖子張之賢，猶以干祿為問，況其下者乎？然則三年學而不至於穀，宜不易得也。」

子曰：「篤信好學，守死善道。危邦不入，亂邦不居。天下有道則見，無道則隱。邦有道，貧且賤焉，恥也；邦無道，富且貴焉，恥也。」

注 好，去聲。見，賢遍反。

▲篤，厚而力也。不篤信，則不能好學，然篤信而不好學，則所信或非其正。不守死，則不能以善其道，然守死而

不足以善其道，則亦徒死而已。蓋守死者篤信之效，善道者好學之功。

▲君子見危授命，則仕危邦者無可去之義，在外則不入可也。亂邦未危，而刑政紀綱紊矣，故潔其身而去之。天下，舉一世而言。無道，則隱其身而不見也。此惟篤信好學、守死善道者能之。

▲世治而無可行之道，世亂而無能守之節，碌碌庸人，不足以為士矣，可恥之甚也。晁氏曰：「有學有守，而去就之義潔，出處之分明，然後為君子之全德也。」

子曰：「不在其位，不謀其政。」

▲程子曰：「不在其位，則不任其事也，若君大夫問而告者則有矣。」

子曰：「師摯之始，〈關雎〉之亂，洋洋乎！盈耳哉。」

注 摯，音至。雎，七餘反。

▲師摯，魯樂師名摯也。亂，樂之卒章也。《史記》曰：「〈關雎〉之亂以為〈風〉始。」洋洋，美盛意。孔子自衛反魯而正樂，適師摯在官之初，故樂之美盛如此。

子曰：「狂而不直，侗而不願，悾悾而不信，吾不知之矣。」

注 侗，音通。悾，音空。

▲侗，無知貌。願，謹厚也。悾悾，無能貌。吾不知之者，甚絕之之辭，亦不屑之教誨也。

蘇氏曰：「天之生物，氣質不齊。其中材以下，有是德則有是病。有是病必有是德，故馬之蹄齧者必善走，其不善者必馴。有是病而無是德，則天下之棄才也。」

子曰：「學如不及，猶恐失之。」

▲言人之為學，既如有所不及矣，而其心猶竦然，惟恐其或失之，警學者當如是也。

程子曰：「學如不及，猶恐失之，不得放過。纔說姑待明日，便不可也。」

子曰：「巍巍乎！舜禹之有天下也，而不與焉。」

注 與，去聲。

▲巍巍，高大之貌。不與，猶言不相關，言其不以位為樂也。

子曰：「大哉堯之爲君也！巍巍乎！惟天爲大，惟堯則之。蕩蕩乎！民無能名焉。巍巍乎！其有成功也；煥乎，其有文章！」

▲惟，猶獨也。則，猶準也。蕩蕩，廣遠之稱也。言物之高大，莫有過於天者，而獨堯之德能與之準。故其德之廣遠，亦如天之不可以言語形容也。

▲成功，事業也。煥，光明之貌。文章，禮樂法度也。堯之德不可名，其可見者此爾。

尹氏曰：「天道之大，無為而成。惟堯則之以治天下，故民無得而名焉。所可名者，其功業文章巍然煥然而已。」

舜有臣五人而天下治。武王曰：「予有亂臣十人。」孔子曰：「才難，不其然乎？唐虞之際，於斯爲盛。有婦人焉，九人而已。三分天下有其二，以服事殷。周之德，其可謂至德也已矣。」

注 治，去聲。

▲五人，禹、稷、契、皋陶、伯益。

▲《書．泰誓》之辭。馬氏曰：「亂，治也。」十人，謂周公旦、召公奭、太公望、畢公、榮公、太顛、閎夭、散宜生、南宮适，其一人謂文母。劉侍讀以為子無臣母之義，蓋邑姜也。九人治外，邑姜治內。或曰：「亂本作乿，古治字也。」

▲稱孔子者，上係武王君臣之際，記者謹之。才難，蓋古語，而孔子然之也。才者，德之用也。唐虞，堯舜有天下之號。際，交會之間。言周室人才之多，惟唐虞之際，乃盛於此。降自夏商，皆不能及，然猶但有此數人爾，是才之難得也。

▲《春秋傳》曰，「文王率商之畔國以事紂」，蓋天下歸文王者六州，荊、梁、雍、豫、徐、揚也。惟青、兗、冀，尚屬紂耳。

范氏曰：「文王之德，足以代商。天與之，人歸之，乃不取而服事焉，所以為至德也。孔子因武王之言而及文王之德，且與泰伯皆以至德稱之，其指微矣。」或曰：「宜斷三分以下，別以孔子曰起之，而自為一章。」

子曰：「禹，吾無閒然矣。菲飲食，而致孝乎鬼神；惡衣服，而致美乎黻冕；卑宮室，而盡力乎溝洫。禹，吾無閒然矣。」

注 閒，去聲。菲，音匪。黻，音弗。洫，呼域反。

▲閒，罅隙也，謂指其罅隙而非議之也。菲，薄也。致孝鬼神，謂享祀豐潔。衣服，常服。黻，蔽膝也，以韋為之。冕，冠也，皆祭服也。溝洫，田間水道，以正疆界、備旱潦者也。或豐或儉，各適其宜，所以無罅隙之可議也，故再言以深美之。

楊氏曰：「薄於自奉，而所勤者民之事，所致飾者宗廟朝廷之禮，所謂有天下而不與也，夫何閒然之有。」

子罕第九

解題

本篇首章爲「子罕言利與命與仁」，故取章首兩字爲篇名，共有三十一章，朱子《四書集注》將本篇六、七兩章合爲一章，故作三十章。邢昺《論語注疏》言：「此篇皆論孔子之德行也。」並認爲前篇〈泰伯〉記堯舜之至德，故而本篇接著談孔子之聖德。本篇所記孔子之言行，略爲蕪雜，大抵而言，約有以下數端：

1. 孔子所能：孔子名重當世，弟子、時人或許都會讚歎或好奇孔子所具備的才能。但當達巷黨人消遣他沒什麼本領時，孔子說自己會駕車；當太宰說他「多能」時，孔子說自己是「多能鄙事」；還說自己是因爲不被當世所用，所以學會了很多項技藝。這些說法，固然可以視作孔子的自謙之詞，但孔子眞正想強調的，應該是不當以一般人所認同的技能來定義聖人，或者以擁有多項能力來定義成就，因爲「苗而不秀」、「秀而不實」者亦所在多有。聖人之可貴，在於對道德的堅持與淑世的抱負，怎麼會是幾項能力所能匡限的呢？
2. 孔子所憂：孔子以恢弘周道、經世濟民爲己任，其所憂慮者，首要當是「道之不行」。故而孔子感歎「鳳鳥不至」，而希望自己能夠待價而沽。另本篇記載孔子所憂，尚有時不我予之歎。孔子感歎逝去的時光如流水，一去不復返，也憂心自己年紀老成，卻還一事無成。

3. 孔子所重：本篇所記孔子重視的事，有「禮樂」，如「麻冕，禮也」章，孔子強調行禮當掌握「禮義」，而非以「從眾」或「違眾」爲考量。有「恆心」，如「譬如爲山」章，孔子勉勵我們不論爲學或爲善，都應持續累積；有「客觀」，如「毋意，毋必」章，孔子認爲我們必須戒絕武斷主觀的毛病。有「堅毅」，如「歲寒，然後知松柏之後凋」章等。

除了這些構建孔子形象的篇章，本篇尚有孔子與顏回互評的章句，值得我們留意。在本篇中，有兩則記載孔子評論顏回之言，而與其他篇章不同之處，是這兩章均非完全肯定顏淵，尤其是「見其進也，未見其止」章，似乎是認爲顏淵銳意向前，忽視了停頓思考，未必眞能有所得。顏淵推崇孔子的篇章，則是著名的「博文約禮」章，以具體而形象化的語言表達弟子對老師的景仰，孔子對於學生的循循善誘，熱切引導，很讓我們嚮往。

凡三十章。

子罕言利與命與仁。

注 罕，少也。

▲程子曰：「計利則害義，命之理微，仁之道大，皆夫子所罕言也。」

達巷黨人曰：「大哉孔子！博學而無所成名。」子聞之，謂門弟子曰：「吾何執？執御乎？執射乎？吾執御矣。」

▲達巷，黨名，其人姓名不傳。博學無所成名，蓋美其學之博而惜其不成一藝之名也。

▲執，專執也。射御皆一藝，而御為人僕，所執尤卑。言欲使我何所執以成名乎？然則吾將執御矣。聞人譽己，承之以謙也。

尹氏曰：「聖人道全而德備，不可以偏長目之也。達巷黨人見孔子之大，意其所學者博，而惜其不以一善得名於世，蓋慕聖人而不知者也。故孔子曰，欲使我何所執而得為名乎？然則吾將執御矣。」

子曰：「麻冕，禮也，今也純，儉。吾從眾。拜下，禮也，今拜乎上，泰也。雖違眾，吾從下。」

▲麻冕，緇布冠也。純，絲也。儉，謂省約。緇布冠，以三十升布為之，升八十縷，則其經二千四百縷矣。細密難成，不如用絲之省約。

▲臣與君行禮，當拜於堂下。君辭之，乃升成拜。泰，驕慢也。

程子曰：「君子處世，事之無害於義者，從俗可也；害於義，則不可從也。」

子絕四：毋意，毋必，毋固，毋我。

▲絕，無之盡者。毋，《史記》作「無」是也。意，私意也。必，期必也。固，執滯也。我，私己也。四者相為終始，起於意，遂於必，留於固，而成於我也。蓋意必常在事前，固我常在事後，至於我又生意，則物欲牽引，循環不窮矣。

程子曰：「此毋字，非禁止之辭。聖人絕此四者，何用禁止。」

張子曰：「四者有一焉，則與天地不相似。」

楊氏曰：「非知足以知聖人，詳視而默識之，不足以記此。」

子畏於匡。曰：「文王既沒，文不在茲乎？天之將喪斯文也，後死者不得與於斯文也；天之未喪斯文也，匡人其如予何？」

注喪、與，皆去聲。

▲畏者，有戒心之謂。匡，地名。《史記》云：「陽虎曾暴於匡，夫子貌似陽虎，故匡人圍之。」

▲道之顯者謂之文，蓋禮樂制度之謂。不曰道而曰文，亦謙辭也。茲，此也，孔子自謂。

馬氏曰：「文王既沒，故孔子自謂後死者。言天若欲喪此文，則必不使我得與於此文；今我既得與於此文，則是天未欲喪此文也。天既未欲喪此文，則匡人其奈我何？言必不能違天害己也。」

大宰問於子貢曰：「夫子聖者與？何其多能也？」子貢曰：「固天縱

之將聖，又多能也。」子聞之，曰：「大宰知我乎！吾少也賤，故多能鄙事。君子多乎哉？不多也。」牢曰：「子云，『吾不試，故藝。』」

注 大，音泰。與，平聲。

▲孔氏曰：「大宰，官名。或吳或宋，未可知也。」與者，疑辭。大宰蓋以多能為聖也。縱，猶肆也，言不為限量也。將，殆也，謙若不敢知之辭。聖無不通，多能乃其餘事，故言又以兼之。言由少賤故多能，而所能者鄙事爾，非以聖而無不通也。且多能非所以率人，故又言君子不必多能以曉之。

▲牢，孔子弟子，姓琴，字子開，一字子張。試，用也。言由不為世用，故得以習於藝而通之。吳氏曰：「弟子記夫子此言之時，子牢因言昔之所聞有如此者。其意相近，故并記之。」

子曰：「吾有知乎哉？無知也。有鄙夫問於我，空空如也，我叩其兩端而竭焉。」

注 叩，音口。

▲孔子謙言己無知識，但其告人，雖於至愚，不敢不盡耳。叩，發動也。兩端，猶言兩頭。言終始、本末、上下、精粗，無所不盡。

程子曰：「聖人之教人，俯就之若此，猶恐眾人以為高遠而不親也。聖人之道，必降而自卑，不如此則人不親；賢人之言，則引而自高，不如此則道不尊。觀於孔子、孟子，則可見矣。」

尹氏曰：「聖人之言，上下兼盡。即其近，衆人皆可與知；極其至，則雖聖人亦無以加焉，是之謂兩端。如答樊遲之問仁知，兩端竭盡，無餘蘊矣。若夫語上而遺下，語理而遺物，則豈聖人之言哉？」

子曰：「鳳鳥不至，河不出圖，吾已矣夫！」

注 夫，音扶。

▲鳳，靈鳥，舜時來儀，文王時鳴於岐山。河圖，河中龍馬負圖，伏羲時出，皆聖王之瑞也。已，止也。

張子曰：「鳳至圖出，文明之祥。伏羲、舜、文之瑞不至，則夫子之文章，知其已矣。」

子見齊衰者、冕衣裳者與瞽者，見之，雖少必作；過之，必趨。

注 齊，音咨。衰，七雷反。少，去聲。

▲齊衰，喪服。冕，冠也。衣，上服。裳，下服。冕而衣裳，貴者之盛服也。瞽，無目者。作，起也。趨，疾行也。或曰：「少，當作坐。」

范氏曰：「聖人之心，哀有喪，尊有爵，矜不成人。其作與趨，蓋有不期然而然者。」

尹氏曰：「此聖人之誠心，內外一者也。」

顏淵喟然歎曰：「仰之彌高，鑽之彌堅，瞻之在前，忽焉在後。夫子

循循然善誘人，博我以文，約我以禮。欲罷不能，既竭吾才，如有所立卓爾。雖欲從之，末由也已。」

注 喟，苦位反。鑽，祖官反。

▲喟，歎聲。仰彌高，不可及。鑽彌堅，不可入。在前在後，恍惚不可為象。此顏淵深知夫子之道，無窮盡、無方體，而歎之也。

循循，有次序貌。誘，引進也。博文約禮，教之序也。言夫子道雖高妙，而教人有序也。

侯氏曰：「博我以文，致知格物也。約我以禮，克己復禮也。」

程子曰：「此顏子稱聖人最切當處，聖人教人，惟此二事而已。」

卓，立貌。末，無也。此顏子自言其學之所至也。蓋悅之深而力之盡，所見益親，而又無所用其力也。

吳氏曰：「所謂卓爾，亦在乎日用行事之間，非所謂窈冥昏默者。」

程子曰：「到此地位，功夫尤難，直是峻絕，又大段著力不得。」

楊氏曰：「自可欲之謂善，充而至於大，力行之積也。大而化之，則非力行所及矣，此顏子所以未達一間也。」

程子曰：「此顏子所以為深知孔子而善學之者也。」

胡氏曰：「無上事而喟然歎，此顏子學既有得，故述其先難之故、後得之由，而歸功於聖人也。高堅前後，語道體也。仰鑽瞻忽，未領其要也。惟夫子循循善誘，先博我以文，使我知古今，達事變；然後約我以禮，使我尊所聞，行所知。如行者之赴家，食者之求飽，是以欲罷而不能，盡心盡力，不少休廢。然後見夫子所立之卓然，雖欲從之，末由也已。是蓋不怠所從，必欲至乎卓立之地也。抑斯歎也，其在請事斯語之後，三月不違之時乎？」

子疾病，子路使門人為臣。病閒，曰：「久矣哉！由之行詐也，無臣而為有臣。吾誰欺？欺天乎？且予與其死於臣之手也，無寧死於二三子之手乎？且予縱不得大葬，予死於道路乎？」

注 閒，如字。

▲夫子時已去位，無家臣。子路欲以家臣治其喪，其意實尊聖人，而未知所以尊也。病閒，少差也。病時不知，既差乃知其事，故言我之不當有家臣，人皆知之，不可欺也。而為有臣，則是欺天而已。人而欺天，莫大之罪。引以自歸，其責子路深矣。

▲無寧，寧也。大葬，謂君臣禮葬。死於道路，謂棄而不葬。又曉之以不必然之故。

范氏曰：「曾子將死，起而易簀。曰：『吾得正而斃焉，斯已矣。』子路欲尊夫子，而不知無臣之不可為有臣，是以陷於行詐，罪至欺天。君子之於言動，雖微不可不謹。夫子深懲子路，所以警學者也。」

楊氏曰：「非知至而意誠，則用智自私，不知行其所無事，往往自陷於行詐欺天而莫之知也。其子路之謂乎？」

子貢曰：「有美玉於斯，韞匵而藏諸？求善賈而沽諸？」子曰：「沽之哉！沽之哉！我待賈者也。」

注 韞，紆粉反。匵，徒木反。賈，音嫁。

▲韞，藏也。匵，匱也。沽，賣也。子貢以孔子有道不仕，故設此二端以問也。孔子言固當賣之，但當待賈，而不當求之耳。

范氏曰：「君子未嘗不欲仕也，又惡不由其道。士之待禮，猶玉之待賈也。若伊尹之耕於野，伯夷、太公之居於海濱，世無成湯文王，則終焉而已，必不枉道以從人，衒玉而求售也。」

子欲居九夷。或曰：「陋，如之何！」子曰：「君子居之，何陋之有？」

▲東方之夷有九種。欲居之者，亦乘桴浮海之意。

▲君子所居則化，何陋之有？

子曰：「吾自衛反魯，然後樂正，〈雅〉、〈頌〉各得其所。」

▲魯哀公十一年冬，孔子自衛反魯。是時周禮在魯，然《詩》樂亦頗殘闕失次。孔子周流四方，參互考訂，以知其說。晚知道終不行，故歸而正之。

子曰：「出則事公卿，入則事父兄，喪事不敢不勉，不為酒困，何有於

▲說見第七篇，然此則其事愈卑而意愈切矣。

我哉？」

子在川上，曰：「逝者如斯夫！不舍晝夜。」

注 夫，音扶。舍，上聲。

▲天地之化，往者過，來者續，無一息之停，乃道體之本然也。然其可指而易見者，莫如川流。故於此發以示人，欲學者時時省察，而無毫髮之間斷也。

程子曰：「此道體也。天運而不已，日往則月來，寒往則暑來，水流而不息，物生而不窮，皆與道為體，運乎晝夜，未嘗已也。是以君子法之，自強不息。及其至也，純亦不已焉。」

又曰：「自漢以來，儒者皆不識此義。此見聖人之心，純亦不已也。純亦不已，乃天德也，有天德，便可語王道，其要只在謹獨。」

愚按：自此至篇終，皆勉人進學不已之辭。

子曰：「吾未見好德如好色者也。」

注 好，去聲。

▲謝氏曰：「好好色，惡惡臭，誠也。好德如好色，斯誠好德矣，然民鮮能之。」

《史記》：「孔子居衛，靈公與夫人同車，使孔子為次乘，招搖市過之。」孔子醜之，故有是言。

子曰：「譬如爲山，未成一簣，止，吾止也；譬如平地，雖覆一簣，進，吾往也。」

注 簣，求位反。覆，芳服反。

▲簣，土籠也。《書》曰：「為山九仞，功虧一簣。」夫子之言，蓋出於此。言山成而但少一簣，其止者，吾自止耳；平地而方覆一簣，其進者，吾自往耳。蓋學者自強不息，則積少成多；中道而止，則前功盡棄。其止其往，皆在我而不在人也。

子曰：「語之而不惰者，其回也與！」

注 語，去聲。與，平聲。

注 惰，懈怠也。

▲范氏曰：「顏子聞夫子之言，而心解力行，造次顛沛未嘗違之。如萬物得時雨之潤，發榮滋長，何有於惰，此群弟子所不及也。」

子謂顏淵，曰：「惜乎！吾見其進也，未見其止也。」

▲進止二字，說見上章。顏子既死而孔子惜之，言其方進而未已也。

子曰：「苗而不秀者有矣夫！秀而不實者有矣夫！」

注夫，音扶。

▲穀之始生曰苗，吐華曰秀，成穀曰實。蓋學而不至於成，有如此者，是以君子貴自勉也。

子曰：「後生可畏，焉知來者之不如今也？四十、五十而無聞焉，斯亦不足畏也已。」

注焉知之焉，於虔反。

▲孔子言後生年富力強，足以積學而有待，其勢可畏，安知其將來不如我之今日乎？然或不能自勉，至於老而無聞，則不足畏矣。言此以警人，使及時勉學也。曾子曰：「五十而不以善聞，則不聞矣」，蓋述此意。尹氏曰：「少而不勉，老而無聞，則亦已矣。自少而進者，安知其不至於極乎？是可畏也。」

子曰：「法語之言，能無從乎？改之爲貴。巽與之言，能無說乎？繹之爲貴。說而不繹，從而不改，吾末如之何也已矣。」

▲法語者，正言之也。巽言者，婉而導之也。繹，尋其緒也。法言人所敬憚，故必從，然不改，則面從而已。巽言

無所乖忤，故必說，然不繹，則又不足以知其微意之所在也。

楊氏曰：「法言，若孟子論行王政之類是也。巽言，若其論好貨好色之類是也。語之而未達，拒之而不受，猶之可也。其或喻焉，則尚庶幾其能改繹矣。從且說矣，而不改繹焉，則是終不改繹也已，雖聖人其如之何哉？」

子曰：「主忠信，毋友不如己者，過則勿憚改。」

▲重出而逸其半。

子曰：「三軍可奪帥也，匹夫不可奪志也。」

▲侯氏曰：「三軍之勇在人，匹夫之志在己。故帥可奪而志不可奪，如可奪，則亦不足謂之志矣。」

子曰：「衣敝縕袍，與衣狐貉者立，而不恥者，其由也與？『不忮不求，何用不臧？』」子路終身誦之。子曰：「是道也，何足以臧？」

注 衣，去聲。縕，紆粉反。貉，胡各反。與，平聲。忮，之豉反。

▲敝，壞也。縕，枲著也。袍，衣有著者也，蓋衣之賤者。狐貉，以狐貉之皮為裘，衣之貴者。子路之志如此，則能不以貧富動其心，而可以進於道矣，故夫子稱之。

▲忮，害也。求，貪也。臧，善也。言能不忮不求，則何為不善乎？此《衛風．雄雉》之詩，孔子引之，以美子路也。呂氏曰：「貧與富交，強者必忮，弱者必求。」

▲終身誦之，則自喜其能，而不復求進於道矣，故夫子復言此以警之。

謝氏曰：「恥惡衣惡食，學者之大病，善心不存，蓋由於此。子路之志如此，其過人遠矣。然以眾人而能此，則可以為善矣，子路之賢，宜不止此。而終身誦之，則非所以進於日新也，故激而進之。」

子曰：「歲寒，然後知松柏之後彫也。」

▲范氏曰：「小人之在治世，或與君子無異。惟臨利害、遇事變，然後君子之所守可見也。」

謝氏曰：「士窮見節義，世亂識忠臣。欲學者必周於德。」

子曰：「知者不惑，仁者不憂，勇者不懼。」

▲明足以燭理，故不惑；理足以勝私，故不憂；氣足以配道義，故不懼。此學之序也。

子曰：「可與共學，未可與適道；可與適道，未可與立；可與立，未可與權。」

▲可與者，言其可與共為此事也。

程子曰：「可與共學，知所以求之也。可與適道，知所往也。可與立者，篤志固執而不變也。權，稱錘也，所以稱物而知輕重者也。可與權，謂能權輕重，使合義也。」

楊氏曰：「知為己，則可與共學矣。學足以明善，然後可與適道。通道篤，然後可與立。知時措之宜，然後可與權。」

洪氏曰：「《易》九卦，終於巽以行權。權者，聖人之大用，未能立而言權，猶人未能立而欲行，鮮不仆矣。」

程子曰：「漢儒以反經合道為權，故有權變權術之論，皆非也。權只是經也。自漢以下，無人識權字。」

愚按：先儒誤以此章連下文偏其反而為一章，故有反經合道之說。程子非之，是矣。然以《孟子》嫂溺援之以手之義推之，則權與經亦當有辨。

「唐棣之華，偏其反而。豈不爾思？室是遠而。」子曰：「未之思也，夫何遠之有？」

注 夫，音扶。棣，大計反。

▲唐棣，郁李也。偏，《晉書》作翩。然則反亦當與翻同，言華之搖動也。而，語助也。此逸詩也，於六義屬興。上兩句無意義，但以起下兩句之辭耳。其所謂爾，亦不知其何所指也。

▲夫子借其言而反之，蓋前篇「仁遠乎哉」之意。

程子曰：「聖人未嘗言易以驕人之志，亦未嘗言難以阻人之進。但曰未之思也，夫何遠之有？此言極有涵蓄，意思深遠。」

鄉黨第十

解題

本篇篇首記錄孔子於鄉黨、宗廟及朝廷的言語情貌，故以「鄉黨」爲篇名。在宋以前的《論語》版本，本篇都不分章，朱子《論語集注》將其分爲十七節，清．劉寶楠《論語正義》則將其分爲二十五節，及至今人做《論語》研究，本篇章句之分合仍未有定見。實則因本篇所記，大致以類相從，自成段落，節數之分合並不是很重要，也不影響篇章理解。至於本篇的內容，邢昺《論語注疏》云：「此篇惟記孔子在魯國鄉黨中言行。」朱子在《朱子語類》中說：「鄉黨一篇，乃聖人動容周旋中禮處。」錢穆《論語新解》則說：「本篇記孔子居鄉黨，日常容色言動，以見道之無不在。而聖人之聖德，亦宛然在目矣。」可知本篇內容主要是在記錄孔子日常生活食、衣、住、行的細節，以及待人接物的儀容言動等，使我們可在這些瑣細的記載中，看見孔子的學問與修養。

若做細部區分，本篇內容所記之孔子生活樣態，包括以下幾個方面：

1. 言語容貌：從首句「孔子於鄉黨」到「私覿，愉愉如也」。記載孔子之言語容貌會因應不同地點、不同人物而有所調整，力求其合宜適度。

2. 服裝：從「君子不以紺緅飾」到「齊，必有明衣，布」。記載孔子之服裝顏色與樣式，也完全依禮制而行。

3. 飲食：從「齊，必變食」到「祭，必齊如也」。記載孔子飲食之細節，除了齋戒祭祀期間的特殊規範，也詳細記載了孔子日常飲食之習慣，顯示出孔子注重食物的新鮮衛生與烹調方式，也重視飲食的口味配置及定時定量，與現代人的養身之道是一致的。

4. 應事接物：從「席不正，不坐」到「車中，不內顧，不疾言，不親指」。所記較爲豐富，含括孔子日常之居處、儺祭等特殊場合站立的位置、與他人交際、敬事國君、乘車時的容貌體態等。

篇末「色斯舉矣」等句，句意不明，自古以來頗多異說。朱子《論語集注》言：「此必有闕文，不可強爲之說。」清．崔述《洙泗考信錄》亦言《論語》：「諸篇之末往往有一二章不相類者，鄉黨篇末有色舉章……意旨文體皆與篇中不倫，而語亦或殘缺，皆似斷簡，後人之所續入。」則姑且略而不論可也。

楊氏曰：「聖人之所謂道者，不離乎日用之間也。故夫子之平日，一動一靜，門人皆審視而詳記之。」

尹氏曰：「甚矣孔門諸子之嗜學也！於聖人之容色言動，無不謹書而備錄之，以貽後世。今讀其書，即其事，宛然如聖人之在目也。雖然，聖人豈拘拘而爲之者哉？蓋盛德之至，動容周旋，自中乎禮耳。學者欲潛心於聖人，宜於此求焉。」

舊說凡一章，今分為十七節。

孔子於鄉黨，恂恂如也，似不能言者。其在宗廟朝廷，便便言，惟謹爾。

注 恂，相倫反。朝，直遙反，下同。

▲恂恂，信實之貌。似不能言者，謙卑遜順。不以賢知先人也。鄉黨，父兄宗族之所在，故孔子居之，其容貌辭氣如此。

▲便，旁連反。便便，辯也。宗廟，禮法之所在；朝廷，政事之所出，言不可以不明辨。故必詳問而極言之，但謹而不放爾。

▲此一節，記孔子在鄉黨、宗廟、朝廷言貌之不同。

朝，與下大夫言，侃侃如也；與上大夫言，誾誾如也。君在，踧踖如也。與與如也。

注 侃，苦旦反。誾，魚巾反。踧，子六反。踖，子亦反。與，平聲，或如字。

▲此君未視朝時也。〈王制〉，諸侯上大夫卿，下大夫五人。許氏《說文》：「侃侃，剛直也。誾誾，和悅而諍也。」

▲君在，視朝也。踧踖，恭敬不寧之貌。與與，威儀中適之貌。
張子曰：「與與，不忘向君也。」亦通。
此一節，記孔子在朝廷事上接下之不同也。

君召使擯，色勃如也，足躩如也。揖所與立，左右手。衣前後，襜如也。趨進，翼如也。賓退，必復命曰：「賓不顧矣。」

注 擯，必刃反。躩，驅若反。襜，亦占反。
▲擯，主國之君所使出接賓者。勃，變色貌。躩，盤辟貌。皆敬君命故也。
▲所與立，謂同為擯者也。擯用命數之半，如上公九命，則用五人，以次傳命。揖左人，則左其手；揖右人，則右其手。襜，整貌。
▲疾趨而進，張拱端好，如鳥舒翼。
▲紓君敬也。
此一節，記孔子為君擯相之容。

入公門，鞠躬如也，如不容。立不中門，行不履閾。過位，色勃如也，足躩如也，其言似不足者。攝齊升堂，鞠躬如也，屏氣似不息者。出，降一

等，逞顏色，怡怡如也。沒階趨，翼如也。復其位，踧踖如也。

注 閾，于逼反。齊，音咨。

▲鞠躬，曲身也。公門高大而若不容，敬之至也。

▲中門，中於門也。謂當棖闑之間，君出入處也。閾，門限也。《禮》：士大夫出入君門，由闑右，不踐閾。

謝氏曰：「立中門則當尊，行履閾則不恪。」

▲位，君之虛位。謂門屏之間，人君宁立之處，所謂宁也。君雖不在，過之必敬，不敢以虛位而慢之也。

▲言似不足，不敢肆也。

▲攝，摳也。齊，衣下縫也。《禮》：將升堂，兩手摳衣，使去地尺，恐躡之而傾跌失容也。屏，藏也。息，鼻息出入者也。近至尊，氣容肅也。

陸氏曰：「趨下本無進字，俗本有之，誤也。」

▲等，階之級也。逞，放也。漸遠所尊，舒氣解顏。怡怡，和悅也。沒階，下盡階也。趨，走就位也。復位踧踖，敬之餘也。

此一節，記孔子在朝之容。

執圭，鞠躬如也，如不勝。上如揖，下如授。勃如戰色，足縮縮，如有循。享禮，有容色。私覿，愉愉如也。

注勝，平聲。縮，色六反。

▲圭，諸侯命圭。聘問鄰國，則使大夫執以通信。如不勝，執主器，執輕如不克，敬謹之至也。上如揖，下如授，謂執圭平衡，手與心齊，高不過揖，卑不過授也。戰色，戰而色懼也。蹜蹜，舉足促狹也。如有循，《記》所謂舉前曳踵。言行不離地，如緣物也。

▲享，獻也。既聘而享，用圭璧，有庭實。有容色，和也。《儀禮》曰：「發氣滿容。」

▲私覿，以私禮見也。愉愉，則又和矣。

此一節，記孔子為君聘於鄰國之禮也。晁氏曰：「孔子，定公九年仕魯，至十三年適齊，其間絕無朝聘往來之事。疑使擯執圭兩條，但孔子嘗言其禮當如此爾。」

君子不以紺緅飾。紅紫不以爲褻服。當暑，袗絺綌，必表而出之。緇衣羔裘，素衣麑裘，黃衣狐裘。褻裘長。短右袂。必有寢衣，長一身有半。狐貉之厚以居。去喪，無所不佩。非帷裳，必殺之。羔裘玄冠不以弔。吉月，必朝服而朝。

注紺，古暗反。緅，側由反。麑，研奚反。長，去聲。去，上聲。殺，去聲。

▲君子，謂孔子。紺，深青揚赤色，齊服也。緅，絳色。三年之喪，以飾練服也。飾，領緣也。

▲紅紫，間色不正，且近於婦人女子之服也。褻服，私居服也。言此則不以為朝祭之服可知。

▲袗，單也。葛之精者曰絺，麤者曰綌。表而出之，謂先著裡衣，表絺綌而出之於外，欲其不見體也。《詩》所謂「蒙彼縐絺」是也。

▲緇，黑色。羔裘，用黑羊皮。麑，鹿子，色白。狐，色黃。衣以裼裘，欲其相稱。長，欲其溫。短右袂，所以便作事。

▲齊主於敬，不可解衣而寢，又不可著明衣而寢，故別有寢衣，其半蓋以覆足。

程子曰：「此錯簡，當在齊必有明衣布之下。」

愚謂如此，則此條與明衣變食，既得以類相從；而褻裘狐貉，亦得以類相從矣。

注 狐貉，毛深溫厚，私居取其適體。

▲君子無故，玉不去身。觿礪之屬，亦皆佩也。

▲朝祭之服，裳用正幅如帷，要有襞積，而旁無殺縫。其餘若深衣，要半下，齊倍要，則無襞積而有殺縫矣。

▲喪主素，吉主玄。弔必變服，所以哀死。

▲吉月，月朔也。孔子在魯致仕時如此。

此一節，記孔子衣服之制。

蘇氏曰：「此孔氏遺書，雜記《曲禮》，非特孔子事也。」

齊，必有明衣，布。齊，必變食，居必遷坐。

注 齊，側皆反。

▲齊，必沐浴，浴竟，即著明衣，所以明潔其體也，以布為之。此下脫前章寢衣一簡。變食，謂不飲酒、不茹葷。遷坐，易常處也。此一節，記孔子謹齊之事。楊氏曰：「齊所以交神，故致潔變常以盡敬。」

食不厭精，膾不厭細。食饐而餲，魚餒而肉敗，不食。色惡，不食。臭惡，不食。失飪，不食。不時，不食。割不正，不食。不得其醬，不食。肉雖多，不使勝食氣。惟酒無量，不及亂。沽酒市脯不食。不撤薑食。不多食。祭於公，不宿肉。祭肉不出三日。出三日，不食之矣。食不語，寢不言。雖疏食菜羹，瓜祭，必齊如也。

注 食，音嗣。食饐之食，音嗣。饐，於冀反。餲，烏邁反。飪，而甚反。量，去聲。

▲食，飯也。精，鑿也。牛羊與魚之腥，聶而切之為膾。食精則能養人，膾麤則能害人。不厭，言以是為善，非謂必欲如是也。

▲饐，飯傷熱濕也。餲，味變也。魚爛曰餒。肉腐曰敗。色惡臭惡，未敗而色臭變也。飪，烹調生熟之節也。不時，五穀不成，果實未熟之類。此數者皆足以傷人，故不食。

▲割肉不方正者不食，造次不離於正也。漢陸續之母，切肉未嘗不方，斷葱以寸為度，蓋其質美，與此暗合也。食肉用醬，各有所宜，不得則不食，惡其不備也。此二者，無害於人，但不以嗜味而苟食耳。

▲食以穀為主，故不使肉勝食氣。酒以為人合歡，故不為量，但以醉為節而不及亂耳。

程子曰：「不及亂者，非惟不使亂志，雖血氣亦不可使亂，但浹洽而已可也。」

注 沽、市，皆買也。恐不精潔，或傷人也。與不嘗康子之藥同意。

注 薑，通神明，去穢惡，故不撤。

▲適可而止，無貪心也。

▲助祭於公，所得胙肉，歸即頒賜。不俟經宿者，不留神惠也。家之祭肉，則不過三日，皆以分賜。蓋過三日，則肉必敗，而人不食之，是褻鬼神之餘也。但比君所賜胙，可少緩耳。答述曰語。自言曰言。范氏曰：「聖人存心不他，當食而食，當寢而寢，言語非其時也。」

楊氏曰：「肺為氣主而聲出焉，寢食則氣窒而不通，語言恐傷之也。」亦通。

陸氏曰：「《魯論》瓜作必。」

▲古人飲食，每種各出少許，置之豆閒之地，以祭先代始為飲食之人，不忘本也。齊，嚴敬貌。孔子雖薄物必祭，其祭必敬，聖人之誠也。

此一節，記孔子飲食之節。

▲謝氏曰：「聖人飲食如此，非極口腹之欲，蓋養氣體，不以傷生，當如此。然聖人之所不食，窮口腹者或反食之，欲心勝而不暇擇也。」

席不正，不坐。

▲謝氏曰：「聖人心安於正，故於位之不正者，雖小不處。」

鄉人飲酒，杖者出，斯出矣。鄉人儺，朝服而立於阼階。

注 儺，乃多反。

杖者，老人也。六十杖於鄉，未出不敢先，既出不敢後。

▲儺，所以逐疫，《周禮》方相氏掌之。阼階，東階也。儺雖古禮而近於戲，亦必朝服而臨之者，無所不用其誠敬也。或曰：「恐其驚先祖五祀之神，欲其依己而安也。」

此一節，記孔子居鄉之事。

問人於他邦，再拜而送之。康子饋藥，拜而受之。曰：「丘未達，不敢嘗。」

注 拜送使者，如親見之，敬也。

▲范氏曰：「凡賜食，必嘗以拜。藥未達則不敢嘗。受而不飲，則虛人之賜，故告之如此。然則可飲而飲，不可飲而不飲，皆在其中矣。」

▲楊氏曰：「大夫有賜，拜而受之，禮也。未達不敢嘗，謹疾也。必告之，直也。」

此一節，記孔子與人交之誠意。

廄焚。子退朝，曰：「傷人乎？」不問馬。

▲非不愛馬，然恐傷人之意多，故未暇問。蓋貴人賤畜，理當如此。

君賜食，必正席先嘗之；君賜腥，必熟而薦之；君賜生，必畜之。侍食於君，君祭，先飯。疾，君視之，東首，加朝服，拖紳。君命召，不俟駕行矣。

注 飯，扶晚反。首，去聲。拖，徒我反。

▲食恐或餕餘，故不以薦。正席先嘗，如對君也。言先嘗，則餘當以頒賜矣。腥，生肉。熟而薦之祖考，榮君賜也。畜之者，仁君之惠，無故不敢殺也。

▲《周禮》，「王日一舉，膳夫授祭，品嘗食，王乃食。」故侍食者，君祭，則己不祭而先飯。若為君嘗食然，不敢當客禮也。

▲東首，以受生氣也。病臥不能著衣束帶，又不可以褻服見君，故加朝服於身，又引大帶於上也。急趨君命，行出而駕車隨之。

此一節，記孔子事君之禮。

入太廟，每事問。

▲重出。

朋友死，無所歸。曰：「於我殯。」朋友之饋，雖車馬，非祭肉，不拜。

▲朋友以義合，死無所歸，不得不殯。

▲朋友有通財之義，故雖車馬之重不拜。祭肉則拜者，敬其祖考，同於己親也。

此一節，記孔子交朋友之義。

寢不尸，居不容。見齊衰者，雖狎，必變。見冕者與瞽者，雖褻，必以貌。凶服者式之。式負版者。有盛饌，必變色而作。迅雷風烈，必變。

注 尸，謂偃臥似死人也。居，居家。容，容儀。

▲范氏曰：「寢不尸，非惡其類於死也。惰慢之氣不設於身體，雖舒布其四體，而亦未嘗肆耳。居不容，非惰也。但不若奉祭祀、見賓客而已，申申夭夭是也。」

▲狎，謂素親狎。褻，謂燕見。貌，謂禮貌。餘見前篇。

▲式，車前橫木。有所敬，則俯而憑之。負版，持邦國圖籍者。式此二者，哀有喪，重民數也。人惟萬物之靈，而王者之所天也，故《周禮》「獻民數於王，王拜受之。」況其下者，敢不敬乎？

▲敬主人之禮，非以其饌也。

▲迅，疾也。烈，猛也。必變者，所以敬天之怒。《記》曰：「若有疾風、迅雷、甚雨則必變，雖夜必興，衣服冠

而坐。」

此一節，記孔子容貌之變。

升車，必正立執綏。車中，不內顧，不疾言，不親指。

注 綏，挽以上車之索也。

▲范氏曰：「正立執綏，則心體無不正，而誠意肅恭矣。蓋君子莊敬無所不在，升車則見於此也。」

▲內顧，回視也。《禮》曰：「顧不過轂。」三者皆失容，且惑人。

此一節，記孔子升車之容。

色斯舉矣，翔而後集。曰：「山梁雌雉，時哉！時哉！」子路共之，三嗅而作。

注 共，九用反，又居勇反。嗅，許又反。

▲言鳥見人之顏色不善則飛去，回翔審視而後下止。人之見幾而作，審擇所處，亦當如此。然此上下必有闕文矣。

邢氏曰：「梁，橋也。時哉，言雉之飲啄得其時。子路不達，以為時物而共具之。孔子不食，三嗅其氣而起。」

晁氏曰：「《石經》『嗅』作戛，謂雉鳴也。」

劉聘君曰：「嗅，當作臭，古闃反。張兩翅也。見《爾雅》。」

愚按：如後兩說，則共字當為拱執之義。然此必有闕文，不可強為之說。姑記所聞，以俟知者。

先進第十一

解題

本篇首章記孔子言：「先進於禮樂，野人也。」故以「先進」爲篇名，是「下論」中惟一未以人名命名的篇次。與上篇〈鄉黨〉相同，本篇章數分合亦有異說，朱子《論語集注》將之分爲二十五章，劉寶楠《論語正義》則據何晏《論語集解》、皇侃《論語義疏》及邢昺《論語注疏》，將本篇分爲二十四章。

上篇〈鄉黨〉以記孔子生活樣貌爲主，本篇則以呈現孔門弟子賢否得失爲主，邢昺《論語注疏》說這是因爲夫子爲聖，弟子爲賢，「聖賢相次，亦其宜也。」也有學者主張「上論」是《論語》的初編本，記述孔子論學、論道、論政、論人等事與言，而以孔子之生活情態作收。「下論」則是《論語》的續編，改以記弟子的言行爲主，「孔子之言，乃漸退居於賓位。」「下論乃漸有不以孔子言論爲主體之心理傾向。」（胡志奎《論語辨證》）但觀諸「下論」所載，這樣的區分似乎也不完全正確，此說可略作參考，未必可作爲依據。

本篇所記孔子對弟子們的評論，大致可以區分爲幾個層次。一爲對弟子們的概括論述，如後世所謂「四科十哲」的介紹，對高柴、曾參、顓孫師、子路性格記載等。二爲對弟子們的某部分表現單獨評論，如對閔子騫孝道及慎言的肯定、對南容履行經義的讚揚、對於冉求協助季氏聚斂的責備等。三爲針對顏回的評述，本篇中對於顏子的記載頗多，且多爲連續性的記載，其中包含顏子的學習、性格、品德、同儕相處及孔子對他的逝去表示不捨與哀慟等。

除此之外，本篇尙有借孔子與學生的問答，展現孔子的教學方法。如子路和冉有都問孔子「聞斯行諸？」孔子卻因爲兩人個性不同，給了完全不同的答案。篇末「子路、曾皙、冉有、公西華侍坐」章，是《論語》中字數最多的章節，完整的呈現了孔子在教學上，善用問答、啟發等教學方法，也記載了孔子及弟子們在面對紊亂的世局、不可測的人生時，所抱持的不同的志向。當時子路一如往常的直接闡述自己的雄心壯志，孔子笑他不懂得謙讓；冉有、公西華都表達了從政的意願，孔子都加以肯定。但孔子眞正的讚賞的，是曾皙「莫春者，春服既成。冠者五六人，童子六七人，浴乎沂，風乎舞雩，詠而歸。」所呈現的從容安定的態度、平靜和諧的境地。大抵在亂世之中，一味求進，未必能有所獲，尋求個人內心眞正的和諧，才是最根本也最偉大的想望吧。

此篇多評弟子賢否。凡二十五章。胡氏曰：「此篇記閔子騫言行者四，而其一直稱閔子，疑閔氏門人所記也。」

子曰：「先進於禮樂，野人也；後進於禮樂，君子也。如用之，則吾從先進。」

▲先進後進，猶言前輩後輩。野人，謂郊外之民。君子，謂賢士大夫也。

程子曰：「先進於禮樂，文質得宜，今反謂之質樸，而以為野人。後進之於禮樂，文過其質，今反謂之彬彬，而以為君子。蓋周末文勝，故時人之言如此，不自知其過於文也。」

用之，謂用禮樂。孔子既述時人之言，又自言其如此，蓋欲損過以就中也。

子曰：「從我於陳、蔡者，皆不及門也。德行：顏淵、閔子騫、冉伯牛、仲弓。言語：宰我、子貢。政事：冉有、季路。文學：子游、子夏。」

注 從，去聲。行，去聲。

▲孔子嘗厄於陳、蔡之間，弟子多從之者，此時皆不在門。故孔子思之，蓋不忘其相從於患難之中也。

▲弟子因孔子之言，記此十人，而并目其所長，分為四科。孔子教人各因其材，於此可見。

程子曰：「四科乃從夫子於陳、蔡者爾，門人之賢者固不止此。曾子傳道而不與焉，故知十哲世俗論也。」

子曰：「回也非助我者也，於吾言無所不說。」

注 說，音悅。

▲助我，若子夏之起予，因疑問而有以相長也。顏子於聖人之言，默識心通，無所疑問。故夫子云然，其辭若有憾焉，其實乃深喜之。

胡氏曰：「夫子之於回，豈真以助我望之。蓋聖人之謙德，又以深贊顏氏云爾。」

子曰：「孝哉閔子騫！人不間於其父母昆弟之言。」

注 間，去聲。

▲胡氏曰：「父母兄弟稱其孝友，人皆信之無異辭者，蓋其孝友之實，有以積於中而著於外，故夫子歎而美之。」

南容三復白圭，孔子以其兄之子妻之。

注 三、妻，並去聲。

▲《詩．大雅．抑》之篇曰：「白圭之玷，尚可磨也；斯言之玷，不可為也。」南容一日三復此言，事見《家語》，蓋深有意於謹言也。此邦有道所以不廢，邦無道所以免禍，故孔子以兄子妻之。

范氏曰：「言者行之表，行者言之實，未有易其言而能謹於行者。南容欲謹其言如此，則必能謹其行矣。」

季康子問：「弟子孰為好學？」孔子對曰：「有顏回者好學，不幸短命死矣！今也則亡。」

注 好，去聲。

▲范氏曰：「哀公、康子問同而對有詳略者，臣之告君，不可不盡。若康子者，必待其能問乃告之，此教誨之道也。」

顏淵死，顏路請子之車以爲之椁。子曰：「才不才，亦各言其子也。鯉也死，有棺而無椁。吾不徒行以爲之椁。以吾從大夫之後，不可徒行也。」

▲顏路，淵之父，名無繇。少孔子六歲，孔子始教而受學焉。椁，外棺也。請為椁，欲賣車以買椁也。

▲鯉，孔子之子伯魚也，先孔子卒。言鯉之才雖不及顏淵，然己與顏路以父視之，則皆子也。孔子時已致仕，尚從大夫之列，言後，謙辭。

胡氏曰：「孔子遇舊館人之喪，嘗脫驂以賻之矣。今乃不許顏路之請，何邪？葬可以無椁，驂可以脫而復求，大夫不可以徒行，命車不可以與人而鬻諸市也。且為所識窮乏者得我，而勉強以副其意，豈誠心與直道哉？或者以為君子行禮，視吾之有無而已。夫君子之用財，視義之可否豈獨視有無而已哉？」

顏淵死。子曰：「噫！天喪予！天喪予！」

注 喪，去聲。

注 噫，傷痛聲。悼道無傳，若天喪己也。

顏淵死，子哭之慟。從者曰：「子慟矣。」曰：「有慟乎？非夫人之爲慟而誰爲！」

注 從，去聲。夫，音扶。為，去聲。

注 慟，哀過也。

▲哀傷之至，不自知也。

▲夫人，謂顏淵。言其死可惜，哭之宜慟，非他人之比也。
胡氏曰：「痛惜之至，施當其可，皆情性之正也。」

顏淵死，門人欲厚葬之，子曰：「不可。」門人厚葬之。子曰：「回也視予猶父也，予不得視猶子也。非我也，夫二三子也。」

▲喪具稱家之有無，貧而厚葬，不循理也。故夫子止之。

▲蓋顏路聽之。

▲歎不得如葬鯉之得宜，以責門人也。

季路問事鬼神。子曰：「未能事人，焉能事鬼？」敢問死。曰：「未知生，焉知死？」

注 焉，於虔反。

▲問事鬼神，蓋求所以奉祭祀之意。而死者人之所必有，不可不知，皆切問也。然非誠敬足以事人，則必不能事神；非原始而知所以生，則必不能反終而知所以死。蓋幽明始終，初無二理，但學之有序，不可躐等，故夫子告之如此。

程子曰：「晝夜者，死生之道也。知生之道，則知死之道；盡事人之道，則盡事鬼之道。死生人鬼，一而二，二而一者也。或言夫子不告子路，不知此乃所以深告之也。」

閔子侍側，誾誾如也；子路，行行如也；冉有、子貢，侃侃如也。子樂。「若由也，不得其死然。」

注 誾、侃，音義見前篇。行，胡浪反。樂，音洛。

▲行行，剛強之貌。子樂者，樂得英材而教育之。

尹氏曰：「子路剛強，有不得其死之理，故因以戒之。其後子路卒死於衛孔悝之難。」

洪氏曰：「《漢書》引此句，上有曰字。」或云：「上文樂字，即曰字之誤。」

魯人為長府。閔子騫曰：「仍舊貫，如之何？何必改作？」子曰：「夫人不言，言必有中。」

注 夫，音扶。中，去聲。

注 長府，藏名。藏貨財曰府。為，蓋改作之。

注 仍，因也。貫，事也。

▲王氏曰：「改作，勞民傷財。在於得已，則不如仍舊貫之善。」

▲言不妄發，發必當理，惟有德者能之。

子曰：「由之瑟奚為於丘之門？」門人不敬子路。子曰：「由也升堂矣，未入於室也。」

▲程子曰：「言其聲之不和，與己不同也。」《家語》云：「子路鼓瑟，有北鄙殺伐之聲。」蓋其氣質剛勇，而不足於中和，故其發於聲者如此。

▲門人以夫子之言，遂不敬子路，故夫子釋之。升堂入室，喻入道之次第。言子路之學，已造乎正大高明之域，特未深入精微之奧耳，未可以一事之失而遽忽之也。

子貢問：「師與商也孰賢？」子曰：「師也過，商也不及。」曰：「然則師愈與？」子曰：「過猶不及。」

注 與，平聲。

▲子張才高意廣，而好為苟難，故常過中。子夏篤信謹守，而規模狹隘，故常不及。

注 愈，猶勝也。

▲道以中庸為至。賢知之過，雖若勝於愚不肖之不及，然其失中則一也。

尹氏曰：「中庸之為德也，其至矣乎！夫過與不及，均也。差之毫釐，繆以千里。故聖人之教，抑其過，引其不及，歸於中道而已。」

季氏富於周公，而求也爲之聚斂而附益之。子曰：「非吾徒也。小子鳴鼓而攻之，可也。」

注 為，去聲。

▲周公以王室至親，有大功，位冢宰，其富宜矣。季氏以諸侯之卿，而富過之，非攘奪其君、刻剝其民，何以得此？冉有為季氏宰，又為之急賦稅以益其富。

▲非吾徒，絕之也。小子鳴鼓而攻之，使門人聲其罪以責之也。聖人之惡黨惡而害民也如此。然師嚴而友親，故己絕之，而猶使門人正之，又見其愛人之無已也。

范氏曰：「冉有以政事之才，施於季氏，故為不善至於如此。由其心術不明，不能反求諸身，而以仕為急故也。」

柴也愚，參也魯，師也辟，由也喭。

注 辟，婢亦反。喭，五旦反。

▲柴，孔子弟子，姓高，字子羔。愚者，知不足而厚有餘。《家語》記其「足不履影，啟蟄不殺，方長不折。執親之喪，泣血三年，未嘗見齒。避難而行，不徑不竇。」可以見其為人矣。

注 魯，鈍也。

程子曰：「參也竟以魯得之。」

又曰：「曾子之學，誠篤而已。聖門學者，聰明才辯，不為不多，而卒傳其道，乃質魯之人爾。故學以誠實為貴也。」

尹氏曰：「曾子之才魯，故其學也確，所以能深造乎道也。」

注 辟，便辟也。謂習於容止，少誠實也。

注 喭，粗俗也。傳稱喭者，謂俗論也。

楊氏曰：「四者性之偏，語之使知自勵也。」

吳氏曰：「此章之首，脫『子曰』二字。」或疑下章子曰，當在此章之首，而通為一章。

子曰：「回也其庶乎，屢空。賜不受命，而貨殖焉，億則屢中。」

注 中，去聲。

▲庶，近也，言近道也。屢空，數至空匱也。不以貧窶動心而求富，故屢至於空匱也。言其近道，又能安貧也。

▲命，謂天命。貨殖，貨財生殖也。億，意度也。言子貢不如顏子之安貧樂道，然其才識之明，亦能料事而多中也。

程子曰：「子貢之貨殖，非若後人之豐財，但此心未忘耳。然此亦子貢少時事，至聞性與天道，則不為此矣。」

范氏曰：「屢空者，簞食瓢飲屢絕而不改其樂也。天下之物，豈有可動其中者哉？貧富在天，而子貢以貨殖為心，則是不能安受天命矣。其言而多中者億而已，非窮理樂天者也。夫子嘗曰：『賜不幸言而中，是使賜多言也』，聖人之不貴言也如是。」

子張問善人之道。子曰：「不踐跡，亦不入於室。」

注 善人，質美而未學者也。

▲程子曰：「踐跡，如言循途守轍。善人雖不必踐舊跡而自不為惡，然亦不能入聖人之室也。」

張子曰：「善人欲仁而未志於學者也。欲仁，故雖不踐成法，亦不蹈於惡，有諸己也。由不學，故無自而入聖人之室也。」

子曰：「論篤是與，君子者乎？色莊者乎？」

注 與，如字。

▲言但以其言論篤實而與之，則未知其為君子者乎？為色莊者乎？言不可以言貌取人也。

子路問：「聞斯行諸？」子曰：「有父兄在，如之何其聞斯行之？」冉有問：「聞斯行諸？」子曰：「聞斯行之。」公西華曰：「由也問聞斯行諸，子曰『有父兄在』；求也問聞斯行諸，子曰『聞斯行之』。赤也惑，敢問。」子曰：「求也退，故進之；由也兼人，故退之。」

注 兼人，謂勝人也。

▲張敬夫曰：「聞義固當勇為，然有父兄在，則有不可得而專者，若不稟命而行，則反傷於義矣。子路有聞，未之能行，惟恐有聞。則於所當為，不患其不能為矣，特患為之之意或過，而於所當稟命者有闕耳。若冉求之資稟失之弱，不患其不稟命也，患其於所當為者逡巡畏縮，而為之不勇耳。聖人一進之，一退之，所以約之於義理之中，而使之無過不及之患也。」

子畏於匡，顏淵後。子曰：「吾以女為死矣。」曰：「子在，回何敢死？」

注 女，音汝。

▲後，謂相失在後。何敢死，謂不赴鬥而必死也。

胡氏曰：「先王之制，民生於三，事之如一。惟其所在，則致死焉。況顏淵之於孔子，恩義兼盡，又非他人之為師弟子者而已。即夫子不幸而遇難，回必捐生以赴之矣。捐生以赴之，幸而不死，則必上告天子，下告方伯，請討以復讎，不但已也。夫子而在，則回何為而不愛其死，以犯匡人之鋒乎？」

季子然問：「仲由、冉求可謂大臣與？」子曰：「吾以子爲異之問，曾由與求之問。所謂大臣者：以道事君，不可則止。今由與求也，可謂具臣矣。」曰：「然則從之者與？」子曰：「弒父與君，亦不從也。」

注 與，平聲。

▲子然，季氏子弟。自多其家得臣二子，故問之。

注 異，非常也。曾，猶乃也。輕二子以抑季然也。

▲以道事君者，不從君之欲。不可則止者，必行己之志。

▲具臣，謂備臣數而已。

▲意二子既非大臣，則從季氏之所為而已。

▲言二子雖不足於大臣之道，然君臣之義則聞之熟矣，弒逆大故必不從之。蓋深許二子以死難不可奪之節，而又以陰折季氏不臣之心也。

尹氏曰：「季氏專權僭竊，二子仕其家而不能正也，知其不可而不能止也，可謂具臣矣。是時季氏已有無君之心，故自多其得人。意其可使從己也，故曰弒父與君亦不從也，其庶乎二子可免矣。」

子路使子羔爲費宰。子曰：「賊夫人之子。」子路曰：「有民人焉，有社稷焉。何必讀書，然後爲學？」子曰：「是故惡夫佞者。」

注夫，音扶，下同。惡，去聲。
▲子路為季氏宰而舉之也。
▲賊，害也。言子羔質美而未學，遽使治民，適以害之。
▲言治民事神皆所以為學。
▲治民事神，固學者事，然必學之已成，然後可仕以行其學。若初未嘗學，而使之即仕以為學，其不至於慢神而虐民者幾希矣。子路之言，非其本意，但理屈辭窮，而取辨於口以禦人耳。故夫子不斥其非，而特惡其佞也。
范氏曰：「古者學而後入政。未聞以政學者也。蓋道之本在於修身，而後及於治人，其說具於方冊。讀而知之，然後能行。何可以不讀書也？子路乃欲使子羔以政為學，失先後本末之序矣。不知其過而以口給禦人，故夫子惡其佞也。」

子路、曾晳、冉有、公西華侍坐。子曰：「以吾一日長乎爾，毋吾以也。居則曰：『不吾知也！』如或知爾，則何以哉？」子路率爾而對曰：「千乘之國，攝乎大國之間，加之以師旅，因之以饑饉，由也爲之，比及三年，可使有勇，且知方也。」夫子哂之。「求！爾何如？」對曰：「方六七十，如五六十，求也爲之，比及三年，可使足民。如其禮樂，以俟君子。」「赤！爾何如？」對曰：「非曰能之，願學焉。宗廟之事，如會同，端章甫，願爲小相焉。」「點！爾何如？」鼓瑟希，鏗爾，舍瑟而作。對曰：「異乎三子者之撰。」子曰：「何傷乎？亦各言其志也。」曰：「莫春者，春服既成。冠者五六人，童子六七人，浴乎沂，風乎舞雩，詠而歸。」夫子喟然歎曰：「吾與點也！」三子者出，曾皙後。曾皙曰：「夫三子者之言何如？」子曰：「亦各言其志也已矣。」曰：「夫子何哂由也？」曰：「爲國以禮，其言不讓，是故哂之。」「惟求則非邦也與？」「安見方六七十如五六十而非邦也者？」「惟赤則非邦也與？」「宗廟會同，非諸侯而何？赤也爲之小，孰能爲之大？」

注 坐，才臥反。長，上聲。乘，去聲。饑，音機。饉，音僅。比，必二反，下同。哂，詩忍反。相，去聲。鏗，苦耕反。舍，上聲。撰，士免反。莫、冠，並去聲。沂，魚依反。雩音于。夫，音扶。與，平聲，下同。

注 皙，曾參父，名點。

言我雖年少長於女，然女勿以我長而難言。蓋誘之盡言以觀其志，而聖人和氣謙德，於此亦可見矣。

▲言女平居，則言人不知我。如或有人知女，則女將何以為用也？

▲率爾，輕遽之貌。攝，管束也。二千五百人為師，五百人為旅。因，仍也。穀不熟曰饑，菜不熟曰饉。方，向也，謂向義也。民向義，則能親其上，死其長矣。哂，微笑也。

▲求，爾何如，孔子問也，下放此。方六七十里，小國也。如，猶或也。五六十里，則又小矣。足，富足也。俟君子，言非己所能。冉有謙退，又以子路見哂，故其辭益遜。

▲公西華志於禮樂之事，嫌以君子自居。故將言己志而先為遜辭，言未能而願學也。宗廟之事，謂祭祀。諸侯時見曰會，眾頫曰同。端，玄端服。章甫，禮冠。相，贊君之禮者。言小，亦謙辭。

▲四子侍坐，以齒為序，則點當次對。以方鼓瑟，故孔子先問求、赤而後及點也。希，間歇也。作，起也。撰，具也。春服，單袷之衣。浴，盥濯也，今上巳祓除是也。沂，水名，在魯城南，地志以為有溫泉焉，理或然也。風，乘涼也。舞雩，祭天禱雨之處，有壇墠樹木也。詠，歌也。曾點之學，蓋有以見夫人欲盡處，天理流行，隨處充滿，無少欠闕。故其動靜之際，從容如此。而其言志，則又不過即其所居之位，樂其日用之常，初無捨己為人之意。而其胸次悠然，直與天地萬物上下同流，各得其所之妙，隱然自見於言外。視三子之規規於事為之末者，其氣象不侔矣，故夫子歎息而深許之。而門人記其本末獨加詳焉，蓋亦有以識此矣。

▲點以子路之志，乃所優為，而夫子哂之，故請其說。

▲夫子蓋許其能，特哂其不遜。

▲曾點以冉求亦欲為國而不見哂，故微問之。而夫子之答無貶辭，蓋亦許之。此亦曾晳問而夫子答也。孰能為之大，言無能出其右者，亦許之之辭。

程子曰：「古之學者，優柔厭飫，有先後之序。如子路、冉有、公西赤言志如此，夫子許之。亦以此自是實事。後之學者好高，如人遊心千里之外，然自身卻只在此。」

又曰：「孔子與點，蓋與聖人之志同，便是堯、舜氣象也。誠異三子者之撰，特行有不掩焉耳，此所謂狂也。子路等所見者小，子路只為不達為國以禮道理，是以哂之。若達，卻便是這氣象也。」

又曰：「三子皆欲得國而治之，故夫子不取。曾點，狂者也，未必能為聖人之事，而能知夫子之志。故曰浴乎沂，風乎舞雩，詠而歸，言樂而得其所也。孔子之志，在於老者安之，朋友信之，少者懷之，使萬物莫不遂其性。曾點知之，故孔子喟然歎曰：『吾與點也。』」

又曰：「曾點、漆雕開，已見大意。」

顏淵第十二

解題

本篇首章記顏淵問仁事，故以「顏淵」爲篇名，共有二十四章。邢昺《論語注疏》言本篇「論仁政明達、君臣父子、辨惑折獄、君子文爲，皆聖賢之格言，仕進之階路。」就形式上而言，本篇多爲孔子與弟子時人之問答，包括弟子問孔子答、弟子問弟子答、他人問弟子答三類。且本篇在編排上，常有不同人物問相同問題，而章次相連或相近，可以相互比較。就內容上而言，則可區分爲以下幾類：

1. 問仁：本篇記有顏淵、仲弓、司馬牛、樊遲四弟子問仁，孔子給的答案都不相同。答顏淵是「克己復禮爲仁」，顏淵學、行均冠同儕，孔子似以此答爲仁之總綱。仲弓有爲政之才，因此孔子要他「己所不欲，勿施於人」，希望他以百姓蒼生爲念。據《史記·仲尼弟子列傳》言司馬牛「多言而躁」，所以孔子在此勸他「仁者，其言也訒。」《論語》中記載樊遲多次問仁，孔子給的答案也都不同，此篇所言「愛人」，是直指「仁」的核心意涵，雖然樊遲還是「未達」，但在子夏說明後，應該也能有所得。於此，我們可以再度看見孔子對弟子們的循循善誘、因材施教，眞不愧爲我國歷史上最偉大的教育家。

2.問政：本篇記有子貢、齊景公、子張、季康子問政。子貢「利口巧辯，孔子常黜其辯。」（《史記．仲尼弟子列傳》）本篇所記他向孔子問政章，就展現了孔子與子貢進行的討論式教學法，在孔子回答了子貢最原始的問題後，子貢仍層層追問，孔子也一一回覆，朱子《論語集注》記程頤言：「孔門弟子善問，直窮到底，如此章者。非子貢不能問，非聖人不能答也。」齊景公問政，孔子答以「正名」之道。子張問政，孔子則提醒他要盡忠職守。季康子是魯國大夫，把持朝政，本篇所記季康子問政，三則相連，孔子均告誡他要從端正己身做起。

3.問人格：如司馬牛問君子，孔子答以「不憂不懼」；子張問賢明，孔子教他要「明言」；子貢以文質彬彬回答棘子成問君子等。

4.問崇德辨惑：本篇記有子張與樊遲兩人問孔子「崇德」、「辨惑」，孔子也依然給了不同的答案。「崇德」是要提升自己的德行，屬內在修為；「辨惑」是要明辨事務有疑惑之處，屬外在判斷。大抵而言，兩者均爲修養的重要方法，孔子要子張以忠信誠實爲依歸，力求正義。要樊遲先付出再講求收穫，寧靜致遠，都是值得我們深思的章句。

凡二十四章。

顏淵問仁。子曰：「克己復禮爲仁。一日克己復禮，天下歸仁焉。爲仁

由己，而由人乎哉？」顏淵曰：「請問其目。」子曰：「非禮勿視，非禮勿聽，非禮勿言，非禮勿動。」顏淵曰：「回雖不敏，請事斯語矣。」

▲仁者，本心之全德。克，勝也。己，謂身之私欲也。復，反也。禮者，天理之節文也。為仁者，所以全其心之德也。蓋心之全德，莫非天理，而亦不能不壞於人欲。故為仁者必有以勝私欲而復於禮，則事皆天理，而本心之德復全於我矣。歸，猶與也。又言一日克己復禮，則天下之人皆與其仁，極言其效之甚速而至大也。又言為仁由己而非他人所能預，又見其機之在我而無難也。日日克之，不以為難，則私欲淨盡，天理流行，而仁不可勝用矣。

程子曰：「非禮處便是私意。既是私意，如何得仁？須是克盡己私，皆歸於禮，方始是仁。」

又曰：「克己復禮，則事事皆仁，故曰天下歸仁。」

謝氏曰：「克己須從性偏難克處克將去。」

▲目，條件也。顏淵聞夫子之言，則於天理人欲之際，已判然矣，故不復有所疑問，而直請其條目也。非禮者，己之私也。勿者，禁止之辭。是人心之所以為主，而勝私復禮之機也。私勝，則動容周旋無不中禮，而日用之間，莫非天理之流行矣。事，如事事之事。請事斯語，顏子默識其理，又自知其力有以勝之，故直以為己任而不疑也。

程子曰：「顏淵問克己復禮之目，子曰，『非禮勿視，非禮勿聽，非禮勿言，非禮勿動』，四者身之用也。由乎中而應乎外，制於外所以養其中也。顏淵事斯語，所以進於聖人。後之學聖人者，宜服膺而勿失也，因箴以自警。其視箴曰：『心兮本虛，應物無跡。操之有要，視為之則。蔽交於前，其中則遷。制之於外，以安其內。克己復禮，久而誠矣。』其〈聽箴〉曰：『人有秉彝，本乎天性。知誘物化，遂亡其正。卓彼先覺，知止有定。閑邪存誠，非禮勿聽。』其〈言箴〉曰：『人心之動，因言以宣。發禁躁妄，內斯靜專。矧是樞機，興戎出好，吉凶榮辱，惟其所召。傷易則誕，傷煩則支，己肆物忤，出悖來違。非法不道，欽哉訓辭！』其〈動箴〉曰：『哲人知幾，誠之於思；志士勵行，守之於為。順理則裕，從欲惟危；造次克念，戰兢自持。習與性成，聖賢同歸。』」

愚按：此章問答，乃傳授心法切要之言。非至明不能察其幾，非至健不能致其決。故惟顏子得聞之，而凡學者亦不可以不勉也。程子之箴，發明親切，學者尤宜深玩。

仲弓問仁。子曰：「出門如見大賓，使民如承大祭。己所不欲，勿施於人。在邦無怨，在家無怨。」仲弓曰：「雍雖不敏，請事斯語矣。」

▲敬以持己，恕以及物，則私意無所容而心德全矣。內外無怨，亦以其效言之，使以自考也。

程子曰：「孔子言仁，只說出門如見大賓，使民如承大祭。看其氣象，便須心廣體胖，動容周旋中禮。惟謹獨，便是守之之法。」或問：「出門使民之時，如此可也；未出門使民之時，如之何？」曰：「此儼若思時也，有諸中而後見於外。觀其出門使民之時，其敬如此，則前乎此者敬可知矣。非因出門使民，然後有此敬也。」

愚按：克己復禮，乾道也；主敬行恕，坤道也。顏、冉之學，其高下淺深，於此可見。然學者誠能從事於敬恕之間而有得焉，亦將無己之可克矣。

司馬牛問仁。子曰：「仁者其言也訒。」曰：「其言也訒，斯謂之仁已乎？」子曰：「爲之難，言之得無訒乎？」

注 訒，音刃。

▲司馬牛，孔子弟子，名犁，向魋之弟。

▲訒，忍也，難也。仁者心存而不放，故其言若有所忍而不易發，蓋其德之一端也。夫子以牛多言而躁，故告之以此，使其於此而謹之，則所以為仁之方，不外是矣。

▲牛意仁道至大，不但如夫子之所言，故夫子又告之以此。蓋心常存，故事不苟，事不苟，故其言自有不得而易者，非強閉之而不出也。

楊氏曰：「觀此及下章再問之語，牛之易其言可知。」

程子曰：「雖為司馬牛多言故及此，然聖人之言，亦止此為是。」

愚謂，牛之為人如此，若不告之以其病之所切，而泛以為仁之大概語之，則以彼之躁，必不能深思以去其病，而終無自以入德矣。故其告之如此。蓋聖人之言，雖有高下大小之不同，然其切於學者之身，而皆為入德之要，則又初不異也。讀者其致思焉。

司馬牛問君子。子曰：「君子不憂不懼。」曰：「不憂不懼，斯謂之君子已乎？」子曰：「內省不疚，夫何憂何懼？」

注 夫，音扶。

▲向魋作亂，牛常憂懼。故夫子告之以此。

▲牛之再問，猶前章之意，故復告之以此。疚，病也。言由其平日所為無愧於心，故能內省不疚，而自無憂懼，未可遽以為易而忽之也。

晁氏曰：「不憂不懼，由乎德全而無疵。故無入而不自得，非實有憂懼而強排遣之也。」

司馬牛憂曰：「人皆有兄弟，我獨亡。」子夏曰：「商聞之矣：死生有命，富貴在天。君子敬而無失，與人恭而有禮。四海之內，皆兄弟也。君子何患乎無兄弟也？」

▲牛有兄弟而云然者，憂其為亂而將死也。

▲蓋聞之夫子。

▲命稟於有生之初，非今所能移；天莫之為而為，非我所能必，但當順受而已。

▲既安於命，又當修其在己者。故又言苟能持己以敬而不間斷，接人以恭而有節文，則天下之人皆愛敬之，如兄弟矣。蓋子夏欲以寬牛之憂，故為是不得已之辭，讀者不以辭害意可也。

胡氏曰：「子夏四海皆兄弟之言，特以廣司馬牛之意，意圓而語滯者也，惟聖人則無此病矣。且子夏知此而以哭子喪明，則以蔽於愛而昧於理，是以不能踐其言爾。」

子張問明。子曰：「浸潤之譖，膚受之愬，不行焉，可謂明也已矣。浸潤之譖，膚受之愬，不行焉，可謂遠也已矣。」

注 譖，莊蔭反。愬，蘇路反。

▲浸潤，如水之浸灌滋潤，漸漬而不驟也。譖，毀人之行也。膚受，謂肌膚所受，利害切身。如《易》所謂「剝床以膚，切近災」者也。愬，愬己之冤也。毀人者漸漬而不驟，則聽者不覺其入，而信之深矣。愬冤者急迫而切身，則聽者不及致詳，而發之暴矣。二者難察而能察之，則可見其心之明，而不蔽於近矣。此亦必因子張之失而告之，故其辭繁而不殺，以致丁寧之意云。

楊氏曰：「驟而語之，與利害不切於身者，不行焉，有不待明者能之也。故浸潤之譖、膚受之愬不行，然後謂之明，而又謂之遠。遠則明之至也。《書》曰：『視遠惟明。』」

子貢問政。子曰：「足食。足兵。民信之矣。」子貢曰：「必不得已而去，於斯三者何先？」曰：「去兵。」子貢曰：「必不得已而去，於斯二者何先？」曰：「去食。自古皆有死，民無信不立。」

注 去，上聲，下同。

▲言倉廩實而武備修，然後教化行，而民信於我，不離叛也。

▲言食足而信孚，則無兵而守固矣。

▲民無食必死，然死者人之所必不免。無信則雖生而無以自立，不若死之為安。故寧死而不失信於民，使民亦寧死而不失信於我也。

程子曰：「孔門弟子善問，直窮到底，如此章者。非子貢不能問，非聖人不能答也。」愚謂以人情而言，則兵食足而後吾之信可以孚於民。以民德而言，則信本人之所固有，非兵食所得而先也。是以為政者，當身率其民而以死守之，不以危急而可棄也。

棘子成曰：「君子質而已矣，何以文爲？」子貢曰：「惜乎！夫子之說，君子也。駟不及舌。文猶質也，質猶文也。虎豹之鞟猶犬羊之鞟。」

注 鞟，其郭反。

▲棘子成，衛大夫。疾時人文勝，故為此言。

▲言子成之言，乃君子之意。然言出於舌，則駟馬不能追之，又惜其失言也。

▲鞟，皮去毛者也。言文質等耳，不可相無。若必盡去其文而獨存其質，則君子小人無以辨矣。夫棘子成矯當時之弊，固失之過；而子貢矯子成之弊，又無本末輕重之差，胥失之矣。

哀公問於有若曰：「年饑，用不足，如之何？」有若對曰：「盍徹乎？」曰：「二，吾猶不足，如之何其徹也？」對曰：「百姓足，君孰與不足？百姓不足，君孰與足？」

注 稱有若者，君臣之辭。用，謂國用。公意蓋欲加賦以足用也。

▲徹，通也，均也。周制：一夫受田百畝，而與同溝共井之人通力合作，計畝均收。大率民得其九，公取其一，故謂之徹。魯自宣公稅畝，又逐畝什取其一，則為什而取二矣。故有若請但專行徹法，欲公節用以厚民也。

▲二，即所謂什二也。公以有若不喻其旨，故言此以示加賦之意。

▲民富，則君不至獨貧；民貧，則君不能獨富。有若深言君民一體之意，以止公之厚斂，為人上者所宜深念也。

楊氏曰：「仁政必自經界始。經界正，而後井地均、穀祿平，而軍國之需皆量是以為出焉。故一徹而百度舉矣，上下寧憂不足乎？以二猶不足而教之徹，疑若迂矣。然什一，天下之中正。多則桀，寡則貉，不可改也。後世不究其本而惟末之圖，故征斂無藝，費出無經，而上下困矣。又惡知盍徹之當務而不為迂乎？

子張問崇德、辨惑。子曰：「主忠信，徙義，崇德也。愛之欲其生，惡之欲其死。既欲其生，又欲其死，是惑也。『誠不以富，亦祇以異。』」

注 惡，去聲。

▲主忠信，則本立，徙義，則日新。

▲愛惡，人之常情也。然人之生死有命，非可得而欲也。以愛惡而欲其生死，則惑矣。既欲其生，又欲其死，則惑之甚也。

▲此《詩·小雅·我行其野》之辭也。舊說：夫子引之，以明欲其生死者不能使之生死。如此詩所言，不足以致富

而適足以取異也。

程子曰：「此錯簡，當在第十六篇『齊景公有馬千駟之上』。因此下文亦有齊景公字而誤也。」

楊氏曰：「堂堂乎張也，難與並為仁矣。則非誠善補過不蔽於私者，故告之如此。」

齊景公問政於孔子。孔子對曰：「君君，臣臣，父父，子子。」公曰：「善哉！信如君不君，臣不臣，父不父，子不子，雖有粟，吾得而食諸？」

注 齊景公，名杵臼。魯昭公末年，孔子適齊。

▲此人道之大經，政事之根本也。是時景公失政，而大夫陳氏厚施於國。景公又多內嬖，而不立太子，其君臣父子之間，皆失其道，故夫子告之以此。

▲景公善孔子之言而不能用，其後果以繼嗣不定，啟陳氏弒君篡國之禍。

楊氏曰：「君之所以君，臣之所以臣，父之所以父，子之所以子，是必有道矣。景公知善夫子之言，而不知反求其所以然，蓋悅而不繹者。齊之所以卒於亂也。」

子曰：「片言可以折獄者，其由也與？」子路無宿諾。

注 折，之舌反。與，平聲。

▲片言，半言。折，斷也。子路忠信明決，故言出而人信服之，不待其辭之畢也。

▲宿，留也，猶宿怨之宿。急於踐言，不留其諾也。記者因夫子之言而記此，以見子路之所以取信於人者，由其養之有素也。

尹氏曰：「小邾射以句繹奔魯，曰：『使季路要我，吾無盟矣。』千乘之國，不信其盟，而信子路之一言，其見信於人可知矣。一言而折獄者，信在言前，人自信之故也。不留諾，所以全其信也。」

子曰：「聽訟，吾猶人也，必也使無訟乎！」

▲范氏曰：「聽訟者，治其末，塞其流也。正其本，清其源，則無訟矣。」

楊氏曰：「子路片言可以折獄，而不知以禮遜為國，則未能使民無訟者也。故又記孔子之言，以見聖人不以聽訟為難，而以使民無訟為貴。」

子張問政。子曰：「居之無倦，行之以忠。」

▲居，謂存諸心。無倦，則始終如一。行，謂發於事。以忠，則表裡如一。

程子曰：「子張少仁。無誠心愛民，則必倦而不盡心，故告之以此。」

子曰：「博學於文，約之以禮，亦可以弗畔矣夫！」

▲重出。

子曰：「君子成人之美，不成人之惡。小人反是。」

▲成者，誘掖獎勸以成其事也。君子小人，所存既有厚薄之殊，而其所好又有善惡之異。故其用心不同如此。

季康子問政於孔子。孔子對曰：「政者，正也。子帥以正，孰敢不正？」

▲范氏曰：「未有己不正而能正人者。」
胡氏曰：「魯自中葉，政由大夫，家臣效尤，據邑背叛，不正甚矣。故孔子以是告之，欲康子以正自克，而改三家之故。惜乎康子之溺於利欲而不能也。」

季康子患盜，問於孔子。孔子對曰：「苟子之不欲，雖賞之不竊。」

▲言子不貪欲，則雖賞民使之為盜，民亦知恥而不竊。
胡氏曰：「季氏竊柄，康子奪嫡，民之為盜，固其所也。盍亦反其本耶？孔子以不欲啟之，其旨深矣。」奪嫡事見《春秋傳》。

季康子問政於孔子曰：「如殺無道，以就有道，何如？」孔子對曰：「子爲政，焉用殺？子欲善，而民善矣。君子之德風，小人之德草。草上之風，必偃。」

注 焉，於虔反。

▲為政者，民所視效，何以殺為？欲善則民善矣。上，一作尚，加也。偃，仆也。尹氏曰：「殺之為言，豈為人上之語哉？以身教者從，以言教者訟，而況於殺乎？」

子張問：「士何如斯可謂之達矣？」子曰：「何哉，爾所謂達者？」子張對曰：「在邦必聞，在家必聞。」子曰：「是聞也，非達也。夫達也者，質直而好義，察言而觀色，慮以下人。在邦必達，在家必達。夫聞也者，色取仁而行違，居之不疑。在邦必聞，在家必聞。」

注 夫，音扶，下同。好、下，皆去聲。行，去聲。

▲達者，德孚於人而行無不得之謂。

▲子張務外，夫子蓋已知其發問之意，故反詰之，將以發其病而藥之也。

▲言名譽著聞也。

▲聞與達相似而不同，乃誠偽之所以分，學者不可不審也。故夫子既明辨之，下文又詳言之。

▲內主忠信，而所行合宜，審於接物而卑以自牧，皆自修於內，不求人知之事。然德修於己而人信之，則所行自無窒礙矣。

▲善其顏色以取於仁，而行實背之，又自以為是而無所忌憚。此不務實而專務求名者，故虛譽雖隆而實德則病矣。

程子曰：「學者須是務實，不要近名。有意近名，大本已失。更學何事？為名而學，則是偽也。今之學者，大抵為名。為名與為利雖清濁不同，然其利心則一也。」

尹氏曰：「子張之學，病在乎不務實。故孔子告之，皆篤實之事，充乎內而發乎外者也。當時門人親受聖人之教，而差失有如此者，況後世乎？」

樊遲從遊於舞雩之下，曰：「敢問崇德、修慝、辨惑。」子曰：「善哉問！先事後得，非崇德與？攻其惡，無攻人之惡，非修慝與？一朝之忿，忘其身，以及其親，非惑與？」

注 慝，吐得反。與，平聲。

胡氏曰：「慝之字從心從匿，蓋惡之匿於心者。修者，治而去之。」

▲善其切於為己。

▲先事後得，猶言先難後獲也。為所當為而不計其功，則德日積而不自知矣。專於治己而不責人，則己之惡無所匿矣。知一朝之忿為甚微，而禍及其親為甚大，則有以辨惑而懲其忿矣。樊遲麤鄙近利，故告之以此，三者皆所以

救其失也。

范氏曰：「先事後得，上義而下利也。人惟有利欲之心，故德不崇。惟不自省己過而知人之過，故慝不修。感物而易動者莫如忿，忘其身以及其親，惑之甚者也。惑之甚者必起於細微，能辨之於早，則不至於大惑矣。故懲忿所以辨惑也。」

樊遲問仁。子曰：「愛人。」問知。子曰：「知人。」樊遲未達。子曰：「舉直錯諸枉，能使枉者直。」樊遲退，見子夏。曰：「鄉也吾見於夫子而問知，子曰，『舉直錯諸枉，能使枉者直』，何謂也？」子夏曰：「富哉言乎！舜有天下，選於眾，舉皋陶，不仁者遠矣。湯有天下，選於眾，舉伊尹，不仁者遠矣。」

注 上知，去聲，下如字。鄉，去聲。見，賢遍反。選，息戀反。陶，音遙。遠，如字。

注 愛人，仁之施。知人，知之務。

曾氏曰：「遲之意，蓋以愛欲其周，而知有所擇，故疑二者之相悖爾。」

▲舉直錯枉者，知也。使枉者直，則仁矣。如此，則二者不惟不相悖而反相為用矣。

▲遲以夫子之言，專為知者之事，又未達所以能使枉者直之理。

▲歎其所包者廣，不止言知。

▲伊尹，湯之相也。不仁者遠，言人皆化而為仁，不見有不仁者，若其遠去爾，所謂使枉者直也。子夏蓋有以知夫子之兼仁知而言矣。

程子曰：「聖人之語，因人而變化。雖若有淺近者，而其包含無所不盡，觀於此章可見矣。非若他人之言，語近則遺遠，語遠則不知近也。」

尹氏曰：「學者之問也，不獨欲聞其說，又必欲知其方；不獨欲知其方，又必欲為其事。如樊遲之問仁知也，夫子告之盡矣。樊遲未達，故又問焉，而猶未知其何以為之也。及退而問諸子夏，然後有以知之。使其未喻，則必將復問矣。既問於師，又辨諸友，當時學者之務實也如是。」

子貢問友。子曰：「忠告而善道之，不可則止，無自辱焉。」

注告，工毒反。道，去聲。

▲友所以輔仁，故盡其心以告之，善其說以道之。然以義合者也，故不可則止。若以數而見疏，則自辱矣。

曾子曰：「君子以文會友，以友輔仁。」

▲講學以會友，則道益明；取善以輔仁，則德日進。

子路第十三

解題

本篇首章為「子路問政」章，故名「子路」，共有三十章。邢昺《論語注疏》言：「此篇論善人君子為邦教民、仁政孝弟、中行常德，皆治國修身之要。」本篇在形式上與上篇〈顏淵〉非常相似，大致均為弟子問孔子答、時人問孔子答及孔子自己的議論。其內容則以政治為主，可與〈為政〉篇參看，又略述君子、小人、士之德行。

本篇有關政治主題的記載，又可區分為三類：

1. 弟子問政：如首章記子路問政，孔子要他為民表率，戮力從公；仲弓問政，孔子要他以身作則，舉用賢才；子夏問政，孔子要他循序漸進，不貪小利等。

2. 時人問政：如魯定公問孔子「一言以興邦」、「一言以喪邦」，孔子回答「為君難，為臣不易。」可以興邦，大意是要君臣謹守分際，相互體諒，上下一心。「予無樂乎為君，惟其言而莫予違也。」可以喪邦，提醒為政者不可成為獨夫，只用順臣，不用忠臣。定公之世，魯國朝政仍然混亂，而孔子正嶄露頭角，擔任魯國重臣，從君臣相處談興邦喪邦，孔子應該是意有所指的。又如答葉公爲政要近悅遠來，也是言簡意賅。不過當葉公以「父親偷羊，兒子舉發」說明「正直」時，孔子卻說「父爲子隱，子爲父隱」才是正直，孔子並非鼓勵偷竊，而是認爲要先有天倫，才有人倫；先有孝，才有忠、直，研讀此章時，應特別留意辨析。

3. 孔子論政：如孔子以「正名」爲施政之先務，因爲「名不正，則言不順；言不順，則事不成；事不成，則禮樂不興；禮樂不興，則刑罰不中；刑罰不中，則民無所措手足。」層層遞進，論述明晰，是《論語》中的名篇。其餘如「樊遲請學稼」章，孔子再度申明「爲政以德」的道理。在衛國，孔子提出「庶之」、「富之」、「教之」的施政順序，幾乎完全合乎近現代的政治經濟發展歷程。又主張施政方式當漸進，不可求速效，施政者應該要有器度胸襟等，都非常值得從政者參考。

除了這些論政的篇章，本篇也雜有部分論「君子」、「小人」、「士」的章句。如子貢問「士」，孔子答以「行己有恥」、「宗族鄉黨稱孝悌」、「言必行，行必果」評定「士」的等級。又主張「君子和而不同，小人同而不和」，認爲眞正的君子，與人和諧相處，但不會同流合汙，小人才會追求表面的齊一，而不是眞正的和諧。惟齊非齊，儒家主張的和諧，向來是包容差異的存在而相互尊重，這樣的說法，不論是個人或群體、在古代或現代，應該都是受用無窮的。

凡三十章。

子路問政。子曰：「先之，勞之。」請益。曰：「無倦。」

注 勞，如字。無，古本作毋。

▲蘇氏曰：「凡民之行，以身先之，則不令而行。凡民之事，以身勞之，則雖勤不怨。」

吳氏曰：「勇者喜於有為而不能持久，故以此告之。」

程子曰：「子路問政，孔子既告之矣。及請益，則曰『無倦』而已。未嘗復有所告，姑使之深思也。」

仲弓為季氏宰，問政。子曰：「先有司，赦小過，舉賢才。」曰：「焉知賢才而舉之？」曰：「舉爾所知。爾所不知，人其舍諸？」

注 焉，於虔反。舍，上聲。

▲有司，眾職也。宰兼眾職，然事必先之於彼，而後考其成功，則己不勞而事畢舉矣。

▲過，失誤也。大者於事或有所害，不得不懲；小者赦之，則刑不濫而人心悅矣。

▲賢，有德者。才，有能者。舉而用之，則有司皆得其人而政益修矣。

▲仲弓慮無以盡知一時之賢才，故孔子告之以此。

程子曰：「人各親其親，然後不獨親其親。仲弓曰『焉知賢才而舉之』，子曰『舉爾所知，爾所不知，人其舍諸』便見仲弓與聖人用心之大小。推此義，則一心可以興邦，一心可以喪邦，只在公私之間爾。」

范氏曰：「不先有司，則君行臣職矣；不赦小過，則下無全人矣；不舉賢才，則百職廢矣。失此三者，不可以為季氏宰，況天下乎？」

子路曰：「衛君待子而爲政，子將奚先？」子曰：「必也正名乎！」子路曰：「有是哉，子之迂也！奚其正？」子曰：「野哉由也！君子於其所不知，蓋闕如也。名不正，則言不順；言不順，則事不成；事不成，則禮樂不興；禮樂不興，則刑罰不中；刑罰不中，則民無所措手足。故君子名之必可言也，言之必可行也。君子於其言，無所苟而已矣。」

注 中，去聲。

▲衛君，謂出公輒也。是時魯哀公之十年，孔子自楚反乎衛。

▲是時出公不父其父而禰其祖，名實紊矣，故孔子以正名為先。

謝氏曰：「正名雖為衛君而言，然為政之道，皆當以此為先。」

▲迂，謂遠於事情，言非今日之急務也。

▲野，謂鄙俗。責其不能闕疑，而率爾妄對也。

楊氏曰：「名不當其實，則言不順。言不順，則無以考實而事不成。」

范氏曰：「事得其序之謂禮，物得其和之謂樂。事不成則無序而不和，故禮樂不興。禮樂不興，則施之政事皆失其道，故刑罰不中。」

程子曰：「名實相須。一事苟，則其餘皆苟矣。」

胡氏曰：「衛世子蒯聵恥其母南子之淫亂，欲殺之不果而出奔。靈公欲立公子郢，郢辭。公卒，夫人立之，又辭。乃立蒯聵之子輒，以拒蒯聵。夫蒯聵欲殺母，得罪於父，而輒據國以拒父，皆無父之人也，其不可有國也明矣。夫子為政，而以正名為先。必將具其事之本末，告諸天王，請於方伯，命公子郢而立之。則人倫正，天理得，名正言順而事成矣。夫子告之之詳如此，而子路終不喻也。故事輒不去，卒死其難。徒知食焉不避其難之為義，而不知食輒之食為非義也。」

樊遲請學稼，子曰：「吾不如老農。」請學為圃。曰：「吾不如老圃。」樊遲出。子曰：「小人哉，樊須也！上好禮，則民莫敢不敬；上好義，則民莫敢不服；上好信，則民莫敢不用情。夫如是，則四方之民襁負其子而至矣，焉用稼？」

注 好，去聲。夫，音扶。襁，居丈反。焉，於虔反。

▲種五穀曰稼，種蔬菜曰圃。

▲小人，謂細民，孟子所謂小人之事者也。

▲禮、義、信，大人之事也。好義，則事合宜。情，誠實也。敬服用情，蓋各以其類而應也。襁，織縷為之，以約小兒於背者。

楊氏曰：「樊須遊聖人之門，而問稼圃，志則陋矣，辭而闢之可也。待其出而後言其非，何也？蓋於其問也，自謂農圃之不如，則拒之者至矣。須之學疑不及此，而不能問。不能以三隅反矣，故不復。及其既出，則懼其終不喻也，求老農老圃而學焉，則其失愈遠矣。故復言之，使知前所言者意有在也。

子曰：「誦《詩》三百，授之以政，不達，使於四方，不能專對，雖多，亦奚以為？」

注 使，去聲。

▲專，獨也。詩本人情，該物理，可以驗風俗之盛衰，見政治之得失。其言溫厚和平，長於風諭。故誦之者，必達於政而能言也。

程子曰：「窮經將以致用也。世之誦詩者，果能從政而專對乎？然則其所學者，章句之末耳，此學者之大患也。」

子曰：「其身正，不令而行；其不正，雖令不從。」

子曰：「魯衛之政，兄弟也。」

▲魯，周公之後。衛，康叔之後。本兄弟之國，而是時衰亂，政亦相似，故孔子歎之。

子謂衛公子荊，「善居室。始有，曰：『苟合矣。』少有，曰：『苟完矣。』富有，曰：『苟美矣。』」

▲公子荊，衛大夫。苟，聊且粗略之意。合，聚也。完，備也。言其循序而有節，不以欲速盡美累其心。

楊氏曰：「務為全美，則累物而驕吝之心生。公子荊皆曰苟而已，則不以外物為心，其欲易足故也。」

子適衛，冉有僕。子曰：「庶矣哉！」冉有曰：「既庶矣。又何加焉？」曰：「富之。」曰：「既富矣，又何加焉？」曰：「教之。」

注 僕，御車也。

注 庶，眾也。

▲庶而不富，則民生不遂，故制田里，薄賦斂以富之。

▲富而不教，則近於禽獸。故必立學校，明禮義以教之。

胡氏曰：「天生斯民，立之司牧，而寄以三事。然自三代之後，能舉此職者，百無一二。漢之文明，唐之太宗，亦云庶且富矣，西京之教無聞焉。明帝尊師重傅，臨雍拜老，宗戚子弟莫不受學。唐太宗大召名儒，增廣生員，教亦至矣，然而未知所以教也。三代之教，天子公卿躬行於上，言行政事皆可師法，彼二君者其能然乎？」

子曰：「苟有用我者。期月而已可也，三年有成。」

▲期月，謂周一歲之月也。可者，僅辭，言綱紀布也。有成，治功成也。

尹氏曰：「孔子歎當時莫能用己也，故云然。」

愚按：《史記》，此蓋為衛靈公不能用而發。

子曰：「善人爲邦百年，亦可以勝殘去殺矣。誠哉是言也！」

注 勝，平聲。去，上聲。

▲為邦百年，言相繼而久也。勝殘，化殘暴之人，使不為惡也。去殺，謂民化於善，可以不用刑殺也。蓋古有是言，而夫子稱之。

程子曰：「漢自高、惠至於文、景，黎民醇厚，幾致刑措，庶乎其近之矣。」

尹氏曰：「勝殘去殺，不為惡而已，善人之功如是。若夫聖人，則不待百年，其化亦不止此。」

子曰：「如有王者，必世而後仁。」

▲王者謂聖人受命而興也。三十年為一世。仁，謂教化浹也。

程子曰：「周自文武至於成王，而後禮樂興，即其效也。」

或問：「三年、必世，遲速不同，何也？」程子曰：「三年有成，謂法度紀綱有成而化行也。漸民以仁，摩民以義，使之浹於肌膚，淪於骨髓，而禮樂可興，所謂仁也。此非積久，何以能致？」

子曰：「苟正其身矣，於從政乎何有？不能正其身，如正人何？」

冉子退朝。子曰：「何晏也？」對曰：「有政。」子曰：「其事也。如有政，雖不吾以，吾其與聞之。」

注 朝，音潮。與，去聲。

▲冉有時為季氏宰。朝，季氏之私朝也。晏，晚也。政，國政。事，家事。以，用也。《禮》：大夫雖不治事，猶得與聞國政。是時季氏專魯，其於國政，蓋有不與同列議於公朝，而獨與家臣謀於私室者。故夫子為不知者而言，此必季氏之家事耳。若是國政，我嘗為大夫，雖不見用，猶當與聞。今既不聞，則是非國政也。語意與魏徵獻陵之對略相似。其所以正名分，抑季氏，而教冉有之意深矣。

定公問：「一言而可以興邦，有諸？」孔子對曰：「言不可以若是其幾也。人之言曰：『爲君難，爲臣不易。』如知爲君之難也，不幾乎一言而興邦乎？」曰：「一言而喪邦，有諸？」孔子對曰：「言不可以若是其幾也。人之言曰：『予無樂乎爲君，惟其言而莫予違也。』如其善而莫之違也，不亦善乎？如不善而莫之違也，不幾乎一言而喪邦乎？」

注 易，去聲。喪，去聲，下同。樂，音洛。

▲幾，期也。《詩》曰：「如幾如式。」言一言之間，未可以如此而必期其效。

▲當時有此言也。因此言而知為君之難，則必戰戰兢兢，臨深履薄，而無一事之敢忽。然則此言也，豈不可以必期

於興邦乎？為定公言，故不及臣也。

▲言他無所樂，惟樂此耳。

范氏曰：「言不善而莫之違，則忠言不至於耳。君日驕而臣日諂，未有不喪邦者也。」

謝氏曰：「知為君之難，則必敬謹以持之。惟其言而莫予違，則讒諂面諛之人至矣。邦未必遽興喪也，而興喪之源分於此。然此非識微之君子，何足以知之？」

葉公問政。子曰：「近者說，遠者來。」

注 說，音悅。

▲音義並見第七篇。

▲被其澤則悅，聞其風則來。然必近者悅，而後遠者來也。

子夏爲莒父宰，問政。子曰：「無欲速，無見小利。欲速，則不達；見小利，則大事不成。」

注 父，音甫。

▲莒父，魯邑名。欲事之速成，則急遽無序，而反不達。見小者之為利，則所就者小，而所失者大矣。

程子曰：「子張問政，子曰：『居之無倦，行之以忠。』子夏問政，子曰：『無欲速，無見小利。』子張常過高而未仁，子夏之病常在近小，故各以切己之事告之。」

葉公語孔子曰：「吾黨有直躬者，其父攘羊，而子證之。」孔子曰：「吾黨之直者異於是。父為子隱，子為父隱，直在其中矣。」

注 語，去聲。為，去聲。

▲直躬，直身而行者。有因而盜曰攘。

▲父子相隱，天理人情之至也。故不求為直，而直在其中。

謝氏曰：「順理為直。父不為子隱，子不為父隱，於理順邪？瞽瞍殺人，舜竊負而逃，遵海濱而處。當是時，愛親之心勝，其於直不直，何暇計哉？」

樊遲問仁。子曰：「居處恭，執事敬，與人忠。雖之夷狄，不可棄也。」

▲恭主容，敬主事。恭見於外，敬主乎中。之夷狄不可棄，勉其固守而勿失也。

程子曰：「此是徹上徹下語。聖人初無二語也，充之則睟面盎背；推而達之，則篤恭而天下平矣。」

胡氏曰：「樊遲問仁者三：此最先，先難次之，愛人其最後乎？」

子貢問曰：「何如斯可謂之士矣？」子曰：「行己有恥，使於四方，不辱君命，可謂士矣。」曰：「敢問其次。」曰：「宗族稱孝焉，鄉黨稱弟焉。」曰：「敢問其次。」曰：「言必信，行必果，硜硜然小人哉！抑亦可以爲次矣。」曰：「今之從政者何如？」子曰：「噫！斗筲之人，何足算也。」

注 使，去聲。弟，去聲。行，去聲。硜，苦耕反。筲，所交反。算，亦作筭，悉亂反。

▲此其志有所不為，而其材足以有為者也。子貢能言，故以使事告之。蓋為使之難，不獨貴於能言而已。

▲此本立而材不足者，故為其次。

▲果，必行也。硜，小石之堅確者。小人，言其識量之淺狹也。此其本末皆無足觀，然亦不害其為自守也，故聖人猶有取焉，下此則市井之人，不復可為士矣。

▲今之從政者，蓋如魯三家之屬。噫，心不平聲。斗，量名，容十升。筲，竹器，容斗二升。斗筲之人，言鄙細也。算，數也。子貢之問每下，故夫子以是警之。程子曰：「子貢之意，蓋欲為皎皎之行，聞於人者。夫子告之，皆篤實自得之事。」

子曰：「不得中行而與之，必也狂狷乎！狂者進取，狷者有所不爲也。」

注 狷，音絹。

▲行，道也。狂者，志極高而行不掩。狷者，知未及而守有餘。蓋聖人本欲得中道之人而教之，然既不可得，而徒

得謹厚之人，則未必能自振拔而有為也。故不若得此狂狷之人，猶可因其志節，而激厲裁抑之以進於道，非與其終於此而已也。

孟子曰：「孔子豈不欲中道哉？不可必得，故思其次也。如琴張、曾皙、牧皮者，孔子之所謂狂也。其志嘐嘐然，曰：『古之人！古之人！』夷考其行而不掩焉者也。狂者又不可得，欲得不屑不潔之士而與之，是狷也，是又其次也。」

子曰：「南人有言曰：『人而無恆，不可以作巫醫。』善夫！」「不恆其德，或承之羞。」子曰：「不占而已矣。」

注 恆，胡登反。夫，音扶。

▲南人，南國之人。恆，常久也。巫，所以交鬼神。醫，所以寄死生。故雖賤役，而猶不可以無常，孔子稱其言而善之。

▲此《易．恆卦》九三爻辭。承，進也。

▲復加「子曰」，以別《易》文也，其義未詳。

楊氏曰：「君子於《易》苟玩其占，則知無常之取羞矣。其為無常也，蓋亦不占而已矣。」意亦略通。

子曰：「君子和而不同，小人同而不和。」

▲和者，無乖戾之心。同者，有阿比之意。
尹氏曰：「君子尚義，故有不同。小人尚利，安得而和？」

子貢問曰：「鄉人皆好之，何如？」子曰：「未可也。」「鄉人皆惡之，何如？」子曰：「未可也。不如鄉人之善者好之，其不善者惡之。」

注 好、惡，並去聲。
▲一鄉之人，宜有公論矣，然其間亦各以類自為好惡也。故善者好之而惡者不惡，則必其有苟合之行。惡者惡之而善者不好，則必其無可好之實。

子曰：「君子易事而難說也，說之不以道，不說也，及其使人也，器之。小人難事而易說也，說之雖不以道，說也，及其使人也，求備焉。」

注 易，去聲。說，音悅。
▲器之，謂隨其材器而使之也。君子之心公而恕，小人之心私而刻。天理人欲之間，每相反而已矣。

子曰：「君子泰而不驕，小人驕而不泰。」

▲君子循理，故安舒而不矜肆。小人逞欲，故反是。

子曰：「剛毅、木訥，近仁。」

▲程子曰：「木者，質樸。訥者，遲鈍。四者，質之近乎仁者也。」
楊氏曰：「剛毅則不屈於物欲，木訥則不至於外馳，故近仁。」

子路問曰：「何如斯可謂之士矣？」子曰：「切切、偲偲、怡怡如也，可謂士矣。朋友切切、偲偲，兄弟怡怡。」

▲胡氏曰：「切切，懇到也。偲偲，詳勉也。怡怡，和悅也。皆子路所不足，故告之。又恐其混於所施，則兄弟有賊恩之禍，朋友有善柔之損，故又別而言之。」

子曰：「善人教民七年，亦可以即戎矣。」

▲教民者，教之孝悌忠信之行，務農講武之法。即，就也。戎，兵也。民知親其上，死其長，故可以即戎。
程子曰：「七年云者，聖人度其時可矣。如云期月、三年、百年、一世、大國五年、小國七年之類，皆當思其作為如何乃有益。」

子曰：「以不教民戰，是謂棄之。」

▲以，用也。言用不教之民以戰，必有敗亡之禍，是棄其民也。

憲問第十四

解題

本篇首章是「憲問恥」，故以「憲問」爲篇名。本篇是《論語》中章句數量、字數最多的篇章，但章數分合略有異說，何晏《論語集解》分爲四十四章，朱子《論語集注》則將之分爲四十七章。「憲」指的是孔子弟子原憲，字子思，由於本篇起首即用原憲之名而不稱字，與其他篇章不同，朱子《論語集注》引胡寅之說，認爲「此篇疑原憲所記」。實際上，我們或許可以主張本篇首章爲原憲所記，但若要以全篇均由原憲一人所編寫記錄，並沒有其他相關證據，就應該持保留的態度。

本篇內容，大致如邢昺《論語注疏》所言：「論三王二霸之跡、諸侯大夫之行、爲仁知恥、修己安民，皆政之大節也。」就細部而言，則可分爲「爲政之人」、「爲政之德」兩類。「爲政之人」的部分，本篇所記載的政治人物，身分有高下之異，所記載的面向也不盡相同。如在國君部分，記載孔子說「晉文公譎而不正，齊桓公正而不譎。」用簡單的話語就精確比較了春秋時期兩位霸主的差異。又記載孔子批評衛靈公無道，卻能重用三位人才，使得衛國國祚得以延續等。在人臣部分，記有鄭國子產的寬厚慈惠、衛國公淑文子的謹言慎行及舉薦賢能、衛國蘧伯玉的謹飭修己、齊國陳成子弒齊景公之事等。特別値得留意的是，本篇中有相連兩則關於管仲的評論，兩則均爲孔子弟子執著於管仲未能爲知己者死，是爲「不仁」，孔子卻著眼於管仲效力於齊桓公後所展現的雄才大略，會諸侯、定天下的政治貢獻，稱讚管仲是仁人。或許在春秋末年，管仲的形象與定位已略有爭議，在〈八佾〉篇中，我們看到孔子批評管仲器量狹小，不知節儉，逾越禮制，但在此篇中，卻看到孔子難得的以「仁」許管仲，似乎有些矛盾。其實我們若能以「愛人」爲「仁」的本質，則不難理解孔子稱許管仲爲仁人的原因，畢竟若管仲選擇忠於公子糾而死，則其政治才能無從發揮，但管仲選擇協助齊桓公安定天下秩序，使百姓得以長時間安居樂業，便擴大了「愛人」的時空範圍。也因此，孔子會說我們不能以匹夫匹婦的小節小義，來評估管仲的貢獻。

在「爲政之德」的部分，《論語》中多有論列，本篇所記與其他各篇並無不同，大抵也是從爲學、立身、修己、安人、慎言等處論述，可與其他篇章參看。篇末尙記有兩則隱士言論，也値得關注。魯國隱士評論孔子「知其不可而爲之」，可以視之爲時人對孔子的肯定，但衛國隱士卻揭示「深則厲，淺則揭」的道理，認爲行道進退當審時度勢，不應「知其不可而爲之」，孔子對這樣的說法卻不甚贊同。於此亦可見孔子對於自己立身處世原則的堅持。

胡氏曰：「此篇疑原憲所記。」凡四十七章。

憲問恥。子曰：「邦有道，穀；邦無道，穀，恥也。」

▲憲，原思名。穀，祿也。邦有道不能有為，邦無道不能獨善，而但知食祿，皆可恥也。憲之狷介，其於邦無道穀之可恥，固知之矣；至於邦有道穀之可恥，則未必知也。故夫子因其問而并言之，以廣其志，使知所以自勉，而進於有為也。

「克、伐、怨、欲不行焉，可以爲仁矣？」子曰：「可以爲難矣，仁則吾不知也。」

▲此亦原憲以其所能而問也。克，好勝。伐，自矜。怨，忿恨。欲，貪欲。

▲有是四者而能制之，使不得行，可謂難矣。仁則天理渾然，自無四者之累，不行不足以言之也。

程子曰：「人而無克、伐、怨、欲，惟仁者能之。有之而能制其情使不行，斯亦難能也。謂之仁則未也。此聖人開示之深，惜乎憲之不能再問也。」或曰：「四者不行，固不得為仁矣。然亦豈非所謂克己之事，求仁之方乎？」曰：「克去己私以復乎禮，則私欲不留，而天理之本然者得矣。若但制而不行，則是未有拔去病根之意，而容其潛藏隱伏於胸中也。豈克己求仁之謂哉？學者察於二者之間，則其所以求仁之功，益親切而無滲漏矣。」

子曰：「士而懷居，不足以爲士矣。」

注 居，謂意所便安處也。

子曰：「邦有道，危言危行；邦無道，危行言孫。」

注 行、孫，並去聲。危，高峻也。孫，卑順也。

▲尹氏曰：「君子之持身不可變也，至於言則有時而不敢盡，以避禍也。然則為國者使士言孫，豈不殆哉？」

子曰：「有德者必有言，有言者不必有德；仁者必有勇，勇者不必有仁。」

▲有德者，和順積中，英華發外。能言者，或便佞口給而已。仁者，心無私累，見義必為。勇者，或血氣之強而已。

尹氏曰：「有德者必有言，徒能言者未必有德也。仁者志必勇，徒能勇者未必有仁也。」

南宮适問於孔子曰：「羿善射，奡盪舟，俱不得其死然。禹稷躬稼，而有天下。」夫子不答，南宮适出。子曰：「君子哉若人！尚德哉若人！」

注 适，古活反。羿，音詣。奡，五報反。盪，土浪反。

▲南宮适，即南容也。羿，有窮之君，善射，滅夏后相而篡其位。其臣寒浞又殺羿而代之。奡，《春秋傳》作「澆」，浞之子也，力能陸地行舟，後為夏后少康所誅。禹平水土暨稷播種，身親稼穡之事。禹受舜禪而有天

下，稷之後至周武王亦有天下。适之意蓋以羿奡比當世之有權力者，而以禹稷比孔子也。故孔子不答。然适之言如此，可謂君子之人，而有尚德之心矣，不可以不與。故俟其出而讚美之。

子曰：「君子而不仁者有矣夫，未有小人而仁者也。」

注 夫，音扶。

▲謝氏曰：「君子志於仁矣，然毫忽之間，心不在焉，則未免為不仁也。」

子曰：「愛之，能勿勞乎？忠焉，能勿誨乎？」

▲蘇氏曰：「愛而勿勞，禽犢之愛也；忠而勿誨，婦寺之忠也。愛而知勞之，則其為愛也深矣；忠而知誨之，則其為忠也大矣。」

子曰：「爲命，裨諶草創之，世叔討論之，行人子羽修飾之，東里子產潤色之。」

注 裨，婢之反。諶，時林反。

▲裨諶以下四人，皆鄭大夫。草，略也。創，造也，謂造為草藁也。世叔，游吉也，《春秋傳》作子太叔。討，尋究也。論，講議也。行人，掌使之官。子羽，公孫揮也。修飾，謂增損之。東里地名，子產所居也。潤色，謂加

以文采也。鄭國之為辭命，必更此四賢之手而成，詳審精密，各盡所長。是以應對諸侯，鮮有敗事。孔子言此，蓋善之也。

或問子產。子曰：「惠人也。」問子西。曰：「彼哉！彼哉！」問管仲。曰：「人也。奪伯氏駢邑三百，飯疏食，沒齒無怨言。」

▲子產之政，不專於寬，然其心則一以愛人為主。故孔子以為惠人，蓋舉其重而言也。

▲子西，楚公子申，能遜楚國，立昭王，而改紀其政，亦賢大夫也。然不能革其僭王之號。昭王欲用孔子，又沮止之。其後卒召白公以致禍亂，則其為人可知矣。彼哉者，外之之辭。

▲人也，猶言此人也。伯氏，齊大夫。駢邑，地名。齒，年也。蓋桓公奪伯氏之邑以與管仲，伯氏自知己罪，而心服管仲之功，故窮約以終身而無怨言。荀卿所謂「與之書社三百，而富人莫之敢拒」者，即此事也。

▲或問：「管仲子產孰優？」曰：「管仲之德，不勝其才。子產之才，不勝其德。然於聖人之學，則概乎其未有聞也。」

子曰：「貧而無怨難，富而無驕易。」

注 易，去聲。

▲處貧難，處富易，人之常情。然人當勉其難，而不可忽其易也。

子曰：「孟公綽爲趙魏老則優，不可以爲滕薛大夫。」

▲公綽，魯大夫。趙魏，晉卿之家。老，家臣之長。大家勢重，而無諸侯之事；家老望尊，而無官守之責。優，有餘也。滕薛，二國名。大夫，任國政者。滕薛國小政繁，大夫位高責重。然則公綽蓋廉靜寡欲，而短於才者也。

胡氏曰：「知之弗豫，枉其才而用之，則為棄人矣。此君子所以患不知人也。言此，則孔子之用人可知矣。」

子路問成人。子曰：「若臧武仲之知，公綽之不欲，卞莊子之勇，冉求之藝，文之以禮樂，亦可以爲成人矣。」曰：「今之成人者何必然？見利思義，見危授命，久要不忘平生之言，亦可以爲成人矣。」

注 知，去聲。

▲成人，猶言全人。武仲，魯大夫，名紇。莊子，魯卞邑大夫。言兼此四子之長，則知足以窮理，廉足以養心，勇足以力行，藝足以泛應，而又節之以禮，和之以樂，使德成於內，而文見乎外。則材全德備，渾然不見一善成名之跡；中正和樂，粹然無復偏倚駁雜之蔽，而其為人也亦成矣。然亦之為言，非其至者，蓋就子路之所可及而語之也。若論其至，則非聖人之盡人道，不足以語此。

▲復加「曰」字者，既答而復言也。授命，言不愛其生，持以與人也。久要，舊約也。平生，平日也。有是忠信之實，則雖其才知禮樂有所未備，亦可以為成人之次也。

程子曰：「知之明，信之篤，行之果，天下之達德也。若孔子所謂成人，亦不出此三者。武仲，知也；公綽，仁也；卞莊子，勇也；冉求，藝也。須是合此四人之能，文之以禮樂，亦可以為成人矣。然而論其大成，則不止於此。若今之成人，有忠信而不及於禮樂，則又其次者也。」又曰：「臧武仲之知，非正也。若文之以禮樂，則無不正矣。」又曰：「語成人之名，非聖人孰能之？孟子曰：『惟聖人然後可以踐形。』如此方可以稱成人之名。」胡氏曰：「今之成人以下，乃子路之言。蓋不復聞斯行之之勇，而有終身誦之之固矣。未詳是否？」

子問公叔文子於公明賈曰：「信乎夫子不言、不笑、不取乎？」公明賈對曰：「以告者過也。夫子時然後言，人不厭其言；樂然後笑，人不厭其笑；義然後取，人不厭其取。」子曰：「其然，豈其然乎？」

▲公叔文子，衛大夫公孫拔也。公明姓，賈名，亦衛人。文子為人，其詳不可知，然必廉靜之士，故當時以三者稱之。

▲厭者，苦其多而惡之之辭。事適其可，則人不厭，而不覺其有是矣。是以稱之或過，而以為不言、不笑、不取也。然此言也，非禮義充溢於中，得時措之宜者不能。文子雖賢，疑未及此，但君子與人為善，不欲正言其非也。故曰：「其然豈其然乎」，蓋疑之也。

子曰：「臧武仲以防求為後於魯，雖曰不要君，吾不信也。」

注要，平聲。

防，地名，武仲所封邑也。要，有挾而求也。武仲得罪奔邾，自邾如防，使請立後而避邑。以示若不得請，則將據邑以叛，是要君也。

范氏曰：「要君者無上，罪之大者也。武仲之邑，受之於君。得罪出奔，則立後在君，非己所得專也。而據邑以請，由其好知而不好學也。」

楊氏曰：「武仲卑辭請後，其跡非要君者，而意實要之。夫子之言，亦《春秋》誅意之法也。」

子曰：「晉文公譎而不正，齊桓公正而不譎。」

注 譎，古穴反。

▲晉文公，名重耳。齊桓公，名小白。譎，詭也。二公皆諸侯盟主，攘夷狄以尊周室者也。雖其以力假仁，心皆不正，然桓公伐楚，仗義執言，不由詭道，猶為彼善於此。文公則伐衛以致楚，而陰謀以取勝，其譎甚矣。二君他事亦多類此，故夫子言此以發其隱。

子路曰：「桓公殺公子糾，召忽死之，管仲不死。」曰：「未仁乎？」子曰：「桓公九合諸侯，不以兵車，管仲之力也。如其仁！如其仁！」

注 糾，居黝反。召，音邵。

▲按《春秋傳》，齊襄公無道，鮑叔牙奉公子小白奔莒。及無知弒襄公，管夷吾、召忽奉公子糾奔魯。魯人納之，未克，而小白入，是為桓公。使魯殺子糾而請管召，召忽死之，管仲請囚。鮑叔牙言於桓公以為相。子路疑管仲

忘君事讎，忍心害理，不得為仁也。

▲九，《春秋傳》作「糾」，督也，古字通用。不以兵車，言不假威力也。如其仁，言誰如其仁者，又再言以深許之。蓋管仲雖未得為仁人，而其利澤及人，則有仁之功矣。

子貢曰：「管仲非仁者與？桓公殺公子糾，不能死，又相之。」

子曰：「管仲相桓公，霸諸侯，一匡天下，民到於今受其賜。微管仲，吾其被髮左衽矣。豈若匹夫匹婦之爲諒也，自經於溝瀆而莫之知也。」公叔文子之臣大夫僎，與文子同升諸公。子聞之曰：「可以爲文矣。」

注 與，平聲。相，去聲。被，皮寄反。衽，而審反。僎，士免反。

▲子貢意不死猶可，相之則已甚矣。

▲霸，與伯同，長也。匡，正也。尊周室，攘夷狄，皆所以正天下也。微，無也。衽，衣衿也。被髮左衽，夷狄之俗也。

▲諒，小信也。經，縊也。莫之知，人不知也。《後漢書》引此文，莫字上有人字。

程子曰：「桓公，兄也。子糾，弟也。仲私於所事，輔之以爭國，非義也。桓公殺之雖過，而糾之死實當。仲始與之同謀，遂與之同死，可也；知輔之爭為不義，將自免以圖後功亦可也。故聖人不責其死而稱其功。若使桓弟而糾兄，管仲所輔者正，桓奪其國而殺之，則管仲之與桓，不可同世之讎也。若計其後功而與其事桓，聖人之言，無乃害義之甚，啟萬世反復不忠之亂乎？如唐之王珪魏徵，不死建成之難，而從太宗，可謂害於義矣。後雖有功，何足贖哉？」

愚謂，管仲有功而無罪，故聖人獨稱其功；王魏先有罪而後有功，則不以相掩可也。

▲臣，家臣。公，公朝。謂薦之與己同進為公朝之臣也。

▲文者，順理而成章之謂。諡法亦有所謂錫民爵位曰文者。

洪氏曰：「家臣之賤而引之使與己並，有三善焉：知人，一也；忘己，二也；事君，三也。」

子言衛靈公之無道也，康子曰：「夫如是，奚而不喪？」孔子曰：「仲叔圉治賓客，祝鮀治宗廟，王孫賈治軍旅。夫如是，奚其喪？」

注 夫，音扶。喪，去聲。

注 喪，失位也。

▲仲叔圉，即孔文子也。三人皆衛臣，雖未必賢，而其才可用，靈公用之，又各當其才。

尹氏曰：「衛靈公之無道宜喪也，而能用此三人，猶足以保其國，而況有道之君，能用天下之賢才者乎？《詩》曰：『無競維人，四方其訓之。』」

子曰：「其言之不怍，則為之也難。」

▲大言不慚，則無必為之志，而不自度其能否矣。欲踐其言，豈不難哉？

陳成子弒簡公。孔子沐浴而朝，告於哀公曰：「陳恆弒其君，請討之。」公曰：「告夫三子！」孔子曰：「以吾從大夫之後，不敢不告也。君曰『告夫三子』者。」之三子告，不可。孔子曰：「以吾從大夫之後，不敢不告也。」

注朝，音潮。夫，音扶，下「告夫」同。

▲成子，齊大夫，名恆。簡公，齊君，名壬。事在《春秋》哀公十四年。

▲是時孔子致仕居魯，沐浴齊戒以告君，重其事而不敢忽也。臣弒其君，人倫之大變，天理所不容，人人得而誅之，況鄰國乎？故夫子雖已告老，而猶請哀公討之。

▲三子，三家也。時政在三家，哀公不得自專，故使孔子告之。孔子出而自言如此，意謂弒君之賊，法所必討。大夫謀國，義所當告。君乃不能自命三子，而使我告之邪？

▲以君命往告，而三子魯之強臣，素有無君之心，實與陳氏聲勢相倚，故沮其謀。而夫子復以此應之，其所以警之者深矣。

程子曰：「左氏記孔子之言曰：『陳恆弒其君，民之不予者半。以魯之眾，加齊之半，可克也。』此非孔子之言。誠若此言，是以力不以義也。若孔子之志，必將正名其罪，上告天子，下告方伯，而率與國以討之。至於所以勝齊者，孔子之餘事也，豈計魯人之眾寡哉？當是時，天下之亂極矣，因是足以正之，周室其復興乎？魯之君臣，終不從之，可勝惜哉！」

胡氏曰：「《春秋》之法，弒君之賊，人得而討之。仲尼此舉，先發後聞可也。」

子路問事君。子曰：「勿欺也，而犯之。」

注 犯，謂犯顏諫爭。

▲范氏曰：「犯非子路之所難也，而以不欺為難。故夫子教以先勿欺而後犯也。」

子曰：「君子上達，小人下達。」

▲君子循天理，故日進乎高明；小人殉人欲，故日究乎汙下。

子曰：「古之學者爲己，今之學者爲人。」

注 為，去聲。

▲程子曰：「為己，欲得之於己也。為人，欲見知於人也。」

程子曰：「古之學者為己，其終至於成物。今之學者為人，其終至於喪己。」

愚按：聖賢論學者用心得失之際，其說多矣，然未有如此言之切而要者。於此明辨而日省之，則庶乎其不昧於所從矣。

蘧伯玉使人於孔子。孔子與之坐而問焉，曰：「夫子何為？」對曰：「夫子欲寡其過而未能也。」使者出。子曰：「使乎！使乎！」

注 使，去聲，下同。

▲蘧伯玉，衛大夫，名瑗。孔子居衛，嘗主於其家。既而反魯，故伯玉使人來也。

▲與之坐，敬其主以及其使也。夫子，指伯玉也。言其但欲寡過而猶未能，則其省身克己，常若不及之意可見矣。使者之言愈自卑約，而其主之賢益彰，亦可謂深知君子之心，而善於辭令者矣。故夫子再言使乎以重美之。按莊周稱「伯玉行年五十而知四十九年之非」。又曰：「伯玉行年六十而六十化。」蓋其進德之功，老而不倦。是以踐履篤實，光輝宣著。不惟使者知之，而夫子亦信之也。

子曰：「不在其位，不謀其政。」

▲重出。

曾子曰：「君子思不出其位。」

▲此艮卦之象辭也。曾子蓋嘗稱之，記者因上章之語而類記之也。范氏曰：「物各止其所，而天下之理得矣。故君子所思不出其位，而君臣、上下、大小，皆得其職也。」

子曰：「君子恥其言而過其行。」

注行，去聲。

▲恥者，不敢盡之意。過者，欲有餘之辭。

子曰：「君子道者三，我無能焉：仁者不憂，知者不惑，勇者不懼。」

子貢曰：「夫子自道也。」

注知，去聲。

▲自責以勉人也。

▲道，言也。自道，猶云謙辭。

尹氏曰：「成德以仁為先，進學以知為先。故夫子之言，其序有不同者以此。」

子貢方人。子曰：「賜也賢乎哉？夫我則不暇。」

注夫，音扶。

▲方，比也。乎哉，疑辭。比方人物而較其短長，雖亦窮理之事。然專務為此，則心馳於外，而所以自治者疏矣。故褒之而疑其辭，復自貶以深抑之。

謝氏曰：「聖人責人，辭不迫切而意已獨至如此。」

子曰：「不患人之不己知，患其不能也。」

▲凡章指同而文不異者，一言而重出也。文小異者，屢言而各出也。此章凡四見，而文皆有異。則聖人於此一事，蓋屢言之，其丁寧之意亦可見矣。

子曰：「不逆詐，不億不信。抑亦先覺者，是賢乎！」

▲逆，未至而迎之也。億，未見而意之也。詐，謂人欺己。不信，謂人疑己。抑，反語辭。言雖不逆不億，而於人之情偽，自然先覺，乃為賢也。
楊氏曰：「君子一於誠而已，然未有誠而不明者。故雖不逆詐、不億不信，而常先覺也。若夫不逆不億而卒為小人所罔焉，斯亦不足觀也已。」

微生畝謂孔子曰：「丘何爲是棲棲者與？無乃爲佞乎？」孔子曰：「非敢爲佞也，疾固也。」

注與，平聲。

▲微生，姓，畝，名也。畝名呼夫子而辭甚倨，蓋有齒德而隱者。棲棲，依依也。為佞，言其務為口給以悅人也。

▲疾，惡也。固，執一而不通也。聖人之於達尊，禮恭而言直如此，其警之亦深矣。

子曰：「驥不稱其力，稱其德也。」

注 驥，善馬之名。德，謂調良也。

▲尹氏曰：「驥雖有力，其稱在德。人有才而無德，則亦奚足尚哉？」

或曰：「以德報怨，何如？」子曰：「何以報德？以直報怨，以德報德。」

▲或人所稱，今見《老子》書。德，謂恩惠也。

▲言於其所怨，既以德報之矣，則人之有德於我者，又將何以報之乎？

▲於其所怨者，愛憎取捨，一以至公而無私，所謂直也。於其所德者，則必以德報之，不可忘也。

▲或人之言，可謂厚矣。然以聖人之言觀之，則見其出於有意之私，而怨德之報皆不得其平也。必如夫子之言，然後二者之報各得其所。然怨有不讎，而德無不報，則又未嘗不厚也。此章之言，明白簡約，而其指意曲折反復。如造化之簡易易知，而微妙無窮，學者所宜詳玩也。

子曰：「莫我知也夫！」子貢曰：「何為其莫知子也？」子曰：「不怨天，不尤人。下學而上達。知我者其天乎！」

注 夫，音扶。

▲夫子自歎，以發子貢之問也。

▲不得於天而不怨天，不合於人而不尤人，但知下學而自然上達。此但自言其反己自修，循序漸進耳，無以甚異於人而致其知也。然深味其語意，則見其中自有人不及知而天獨知之之妙。蓋在孔門，惟子貢之智幾足以及此，故特語以發之。惜乎其猶有所未達也！

程子曰：「不怨天，不尤人，在理當如此。」

又曰：「下學上達，意在言表。」

又曰：「學者須守下學上達之語，乃學之要。蓋凡下學人事，便是上達天理。然習而不察，則亦不能以上達矣。」

公伯寮愬子路於季孫。子服景伯以告，曰：「夫子固有惑志於公伯寮，吾力猶能肆諸市朝。」子曰：「道之將行也與？命也。道之將廢也與？命也。公伯寮其如命何！」

注 朝，音潮。與，平聲。

▲公伯寮，魯人。子服氏，景諡，伯字，魯大夫子服何也。夫子，指季孫。言其有疑於寮之言也。肆，陳尸也。言欲誅寮。

謝氏曰：「雖寮之愬行，亦命也。其實寮無如之何。」

愚謂言此以曉景伯，安子路，而警伯寮耳。聖人於利害之際，則不待決於命而後泰然也。

子曰：「賢者辟世，其次辟地，其次辟色，其次辟言。」

注 辟，去聲，下同。

▲天下無道而隱，若伯夷太公是也。

▲去亂國，適治邦。

▲禮貌衰而去。

▲有違言而後去也。

程子曰：「四者雖以大小次第言之，然非有優劣也，所遇不同耳。」

子曰：「作者七人矣。」

▲李氏曰：「作，起也。言起而隱去者，今七人矣。不可知其誰何。必求其人以實之，則鑿矣。」

子路宿於石門。晨門曰：「奚自？」子路曰：「自孔氏。」曰：「是知其不可而爲之者與？」

注 與，平聲。

▲石門，地名。晨門，掌晨啟門，蓋賢人隱於抱關者也。自，從也，問其何所從來也。

胡氏曰：「晨門知世之不可而不為，故以是譏孔子。然不知聖人之視天下，無不可為之時也。」

子擊磬於衛。有荷蕢而過孔氏之門者，曰：「有心哉！擊磬乎！」既而曰：「鄙哉！硜硜乎！莫己知也，斯己而已矣。深則厲，淺則揭。」子曰：「果哉！末之難矣。」

注 荷，去聲。硜，苦耕反。莫己之己，音紀，餘音以。揭，起例反。

▲磬，樂器。荷，擔也。蕢，草器也。此荷蕢者，亦隱士也。聖人之心未嘗忘天下，此人聞其磬聲而知之，則亦非常人矣。

▲硜硜，石聲，亦專確之意。以衣涉水曰厲，攝衣涉水曰揭。此兩句，《衛風·匏有苦葉》之詩也。譏孔子人不知己而不止，不能適淺深之宜。

▲果哉，歎其果於忘世也。末，無也。聖人心同天地，視天下猶一家，中國猶一人，不能一日忘也。故聞荷蕢之言，而歎其果於忘世。且言人之出處，若但如此，則亦無所難矣。

子張曰：「《書》云：『高宗諒陰，三年不言。』何謂也？」子曰：「何必高宗，古之人皆然。君薨，百官總己以聽於冢宰三年。」

注 高宗，商王武丁也。諒陰，天子居喪之名，未詳其義。

▲言君薨，則諸侯亦然。總己，謂總攝己職。冢宰，太宰也。百官聽於冢宰，故君得以三年不言也。

胡氏曰：「位有貴賤，而生於父母無以異者。故三年之喪，自天子達。子張非疑此也，殆以為人君三年不言，則臣下無所稟令，禍亂或由以起也。孔子告以聽於冢宰，則禍亂非所憂矣。」

子曰：「上好禮，則民易使也。」

注 好、易，皆去聲。

謝氏曰：「禮達而分定，故民易使。」

子路問君子。子曰：「修己以敬。」曰：「如斯而已乎？」曰：「修己以安人。」曰：「如斯而已乎？」曰：「修己以安百姓。修己以安百姓，堯舜其猶病諸！」

▲修己以敬，夫子之言至矣盡矣。而子路少之，故再以其充積之盛，自然及物者告之，無他道也。人者，對己而言。百姓，則盡乎人矣。堯舜猶病，言不可以有加於此。以抑子路，使反求諸近也。蓋聖人之心無窮，世雖極治，然豈能必知四海之內，果無一物不得其所哉？故堯舜猶以安百姓為病。若曰吾治已足，則非所以為聖人矣。

程子曰：「君子修己以安百姓，篤恭而天下平。惟上下一於恭敬，則天地自位，萬物自育，氣無不和，而四靈畢至矣。此體信達順之道，聰明睿知皆由是出，以此事天饗帝。」

原壤夷俟。子曰：「幼而不孫弟，長而無述焉，老而不死，是爲賊！」

以杖叩其脛。

注 孫、弟，並去聲。長，上聲。叩，音口。脛，其定反。

▲原壤，孔子之故人。母死而歌，蓋老氏之流，自放於禮法之外者。夷，蹲踞也。俟，待也。言見孔子來而蹲踞以待之也。述，猶稱也。賊者，害人之名。以其自幼至長，無一善狀，而久生於世，徒足以敗常亂俗，則是賊而已矣。脛，足骨也。孔子既責之，而因以所曳之杖，微擊其脛，若使勿蹲踞然。

闕黨童子將命。或問之曰：「益者與？」子曰：「吾見其居於位也，見其與先生並行也。非求益者也，欲速成者也。」

注 與，平聲。

▲闕黨，黨名。童子，未冠者之稱。將命，謂傳賓主之言。或人疑此童子學有進益，故孔子使之傳命以寵異之也。

▲禮，童子當隅坐隨行。孔子言吾見此童子，不循此禮。非能求益，但欲速成爾。故使之給使令之役，觀長少之序，習揖遜之容。蓋所以抑而教之，非寵而異之也。

衛靈公第十五

解題

本篇首章記衛靈公問陣於孔子之事，故以「衛靈公」爲篇名，共有四十二章。朱子《論語集注》將第一章與第二章合爲一章，故爲四十一章。邢昺《論語注疏》言本篇：「記孔子先禮後兵，去亂就治，並明忠、信、仁、知、勸學，爲邦無所毀譽，必察好惡。志士君子之道，事君相師之儀，皆有恥且格之事。」可知此篇內容與《論語》多數分篇相似，並無固定主題。大致而言，可分爲以下數端探討：

1. 爲政以德：如首章衛靈公向孔子請教軍旅之事，孔子回答說自己只懂得禮，不懂得征戰。事實上，儒家六藝，文武兼備，《左傳》中也記載魯定公十年時，齊魯兩國國君會於夾谷，孔子以武備解定公之難，可見孔子當然熟悉軍陣之事。但「爲政以德」是儒家論政的基本主張，衛國又是孔子在周遊列國之時，最有機會發揮政治影響力的諸侯國，所以當衛國國君請教征戰之事，孔子還是希望禮樂教化在兵戎征伐之先。同樣的，除了以禮樂教化來治理國家，「爲政以德」的主張也展現在對領導者德行的要求上，故而本篇中，孔子稱頌舜的「無爲而治」，強調的就是舜「恭己正南面而已矣」，與道家所主張的「無爲」有很大的差異。

2. 律己以仁：本篇有五章論及「仁」，著名的章句如孔子說：「志士仁人，無求生以害仁，有殺身以成仁。」特別強調成就仁德的重要性。又如子貢問「爲仁」之法，孔子說：「工欲善其事，必先利其器。居是邦也，事其大夫之賢者，友其士之仁者。」教子貢要事賢友仁等。另外，本篇中尚有大量的章句論及君子以道修身，「謀道不謀食」、「憂道不憂貧」，故能「固窮」，強調「道不同，不相爲謀」，主張要嚴以律己，謹言慎行，競爭而不爭鬥，合群而不結黨，勇於改過，「義以爲質，禮以行之，孫以出之，信以成之。」等，才能夠眞正符應「君子」的聲名。

3. 成學以教：本篇所記「子曰：『有教無類。』」可說是孔子最重要的教育主張，也是我國教育學史上重要的里程碑。古代政教合一，簡冊藏於官府，受教育是貴族的特權，孔子主張「有教無類」，首開私人講學之風，使有志之士皆有接受教育的機會，這是孔子對於人性的信任，也是孔子對於傳道的使命，大大的影響了中國歷史文化的發展。此外，強調博而能約的「一以貫之」，可與〈里仁〉篇的「吾道一以貫之」參看。「吾嘗終日不食，終夜不寢，以思，無益，不如學也」章、「不曰『如之何如之何』者，吾末如之何也已矣。」章，則可與〈爲政〉篇「學而不思則罔，思而不學則殆。」合看，便能更加了解孔子教學的內容與方法。

凡四十一章。

衛靈公問陳於孔子。孔子對曰：「俎豆之事，則嘗聞之矣；軍旅之事，未之學也。」明日遂行。在陳絕糧，從者病，莫能興。子路慍見曰：「君子亦有窮乎？」子曰：「君子固窮，小人窮斯濫矣。」

注 陳，去聲。從，去聲。見，賢遍反。

注 陳，謂軍師行伍之列。俎豆，禮器。

尹氏曰：「衛靈公，無道之君也，復有志於戰伐之事，故答以未學而去之。」

▲孔子去衛適陳。興，起也。

何氏曰：「濫，溢也。言君子固有窮時，不若小人窮則放溢為非。」

程子曰：「固窮者，固守其窮。」亦通。

愚謂聖人當行而行，無所顧慮。處困而亨，無所怨悔。於此可見，學者宜深味之。

子曰：「賜也，女以予爲多學而識之者與？」對曰：「然，非與？」曰：「非也，予一以貫之。」

注 女，音汝。識，音志。與，平聲，下同。

▲子貢之學，多而能識矣。夫子欲其知所本也，故問以發之。

▲方信而忽疑，蓋其積學功至，而亦將有得也。

▲說見第四篇。然彼以行言，而此以知言也。

謝氏曰：「聖人之道大矣，人不能徧觀而盡識，宜其以為多學而識之也。然聖人豈務博者哉？如天之於眾形，匪物物刻而雕之也。故曰：『予一以貫之。』『德輶如毛，毛猶有倫。上天之載，無聲無臭。』至矣！」

尹氏曰：「孔子之於曾子，不待其問而直告之以此，曾子復深諭之曰『惟』。若子貢則先發其疑而後告之，而子貢終亦不能如曾子之惟也。二子所學之淺深，於此可見。」

愚按：夫子之於子貢，屢有以發之，而他人不與焉。則顏曾以下諸子所學之淺深，又可見矣。

子曰：「由！知德者鮮矣。」

注 鮮，上聲。

▲由，呼子路之名而告之也。德，謂義理之得於己者。非己有之，不能知其意味之實也。

自第一章至此，疑皆一時之言。此章蓋為慍見發也。

子曰：「無爲而治者，其舜也與？夫何爲哉，恭己正南面而已矣。」

注 與，平聲。夫，音扶。

▲無為而治者，聖人德盛而民化，不待其有所作為也。獨稱舜者，紹堯之後，而又得人以任眾職，故尤不見其有為之跡也。恭己者，聖人敬德之容。既無所為，則人之所見如此而已。

子張問行。子曰：「言忠信，行篤敬，雖蠻貊之邦行矣；言不忠信，行不篤敬，雖州里行乎哉？立，則見其參於前也；在輿，則見其倚於衡也。夫然後行。」子張書諸紳。

注 行篤、行不之行，去聲。貊，亡百反。參，七南反。夫，音扶。

▲猶問達之意也。

▲子張意在得行於外，故夫子反於身而言之，猶答干祿問達之意也。篤，厚也。蠻，南蠻。貊，北狄。二千五百家為州。

▲其者，指忠信篤敬而言。參，讀如毋往參焉之參，言與我相參也。衡，軛也。言其於忠信篤敬念念不忘，隨其所在，常若有見，雖欲頃刻離之而不可得。然後一言一行，自然不離於忠信篤敬，而蠻貊可行也。

▲紳，大帶之垂者。書之，欲其不忘也。

程子曰：「學要鞭辟近裡，著己而已。博學而篤志，切問而近思；言忠信，行篤敬；立則見其參於前，在輿則見其倚於衡，只此是學。質美者明得盡，查滓便渾化，卻與天地同體。其次惟莊敬以持養之，及其至則一也。」

子曰：「直哉史魚！邦有道，如矢；邦無道，如矢。」君子哉蘧伯玉！邦有道，則仕；邦無道，則可卷而懷之。」

▲史，官名。魚，衛大夫，名鰌。如矢，言直也。史魚自以不能進賢退不肖，既死猶以尸諫，故夫子稱其直。事見《家語》。

▲伯玉出處，合於聖人之道，故曰君子。卷，收也。懷，藏也。如於孫林父寧殖放弒之謀，不對而出，亦其事也。

楊氏曰：「史魚之直，未盡君子之道。若蘧伯玉，然後可免於亂世。若史魚之如矢，則雖欲卷而懷之，有不可得也。」

子曰：「可與言而不與之言，失人；不可與言而與之言，失言。知者不失人，亦不失言。」

注 知，去聲。

子曰：「志士仁人，無求生以害仁，有殺身以成仁。」

▲志士，有志之士。仁人，則成德之人也。理當死而求生，則於其心有不安矣，是害其心之德也。當死而死，則心安而德全矣。

程子曰：「實理得之於心自別。實理者，實見得是，實見得非也。古人有捐軀隕命者，若不實見得，惡能如此？須是實見得生不重於義，生不安於死也。故有殺身以成仁者，只是成就一個是而已。」

子貢問爲仁。子曰：「工欲善其事，必先利其器。居是邦也，事其大夫之賢者，友其士之仁者。」

▲賢以事言，仁以德言。夫子嘗謂子貢悅不若己者，故以是告之。欲其有所嚴憚切磋以成其德也。

程子曰：「子貢問為仁，非問仁也，故孔子告之以為仁之資而已。」

顏淵問爲邦。子曰：「行夏之時，乘殷之輅，服周之冕，樂則韶舞。放鄭聲，遠佞人。鄭聲淫，佞人殆。」

注 輅，音路，亦作路。遠，去聲。

▲顏子王佐之才，故問治天下之道。曰為邦者，謙辭。

▲夏時，謂以斗柄初昏建寅之月為歲首也。天開於子，地辟於丑，人生於寅，故斗柄建此三辰之月，皆可以為歲首。而三代迭用之，夏以寅為人正，商以丑為地正，周以子為天正也。然時以作事，則歲月自當以人為紀。故孔子嘗曰，「吾得夏時焉」而說者以為謂《夏小正》之屬。蓋取其時之正與其令之善，而於此又以告顏子也。

▲商輅，木輅也。輅者，大車之名。古者以木為車而已，至商而有輅之名，蓋始異其制也。周人飾以金玉，則過侈而易敗，不若商輅之樸素渾堅而等威已辨，為質而得其中也。

▲周冕有五，祭服之冠也。冠上有覆，前後有旒。黃帝以來，蓋已有之，而制度儀等，至周始備。然其為物小，而加於眾體之上，故雖華而不為靡，雖費而不及奢。夫子取之，蓋亦以為文而得其中也。

▲取其盡善盡美。

注 放，謂禁絕之。鄭聲，鄭國之音。佞人，卑諂辯給之人。殆，危也。

程子曰：「問政多矣，惟顏淵告之以此。蓋三代之制，皆因時損益，及其久也，不能無弊。周衰，聖人不作，故孔子斟酌先王之禮，立萬世常行之道，發此以為之兆爾。由是求之，則餘皆可考也。」

張子曰：「禮樂，治之法也。放鄭聲，遠佞人，法外意也。一日不謹，則法壞矣。虞夏君臣更相飭戒，意蓋如此。」

又曰：「法立而能守，則德可久，業可大。鄭聲佞人，能使人喪其所守，故放遠之。」

尹氏曰：「此所謂百王不易之大法。孔子之作《春秋》，蓋此意也。孔顏雖不得行之於時，然其為治之法，可得而見矣。」

子曰：「人無遠慮，必有近憂。」

▲蘇氏曰：「人之所履者，容足之外，皆為無用之地，而不可廢也。故慮不在千里之外，則患在几席之下矣。」

子曰：「已矣乎！吾未見好德如好色者也。」

注 好，去聲。

▲已矣乎，歎其終不得而見也。

子曰：「臧文仲其竊位者與？知柳下惠之賢，而不與立也。」

注 者與之與，平聲。

▲竊位，言不稱其位而有愧於心，如盜得而陰據之也。柳下惠，魯大夫展獲，字禽，食邑柳下，諡曰惠。與立，謂與之並立於朝。

范氏曰：「臧文仲為政於魯，若不知賢，是不明也；知而不舉，是蔽賢也。不明之罪小，蔽賢之罪大。故孔子以為不仁，又以為竊位。」

子曰：「躬自厚而薄責於人，則遠怨矣。」

注 遠，去聲。

▲責己厚，故身益修；責人薄，故人易從。所以人不得而怨之。

子曰：「不曰『如之何如之何』者，吾末如之何也已矣。」

▲如之何如之何者，熟思而審處之辭也。不如是而妄行，雖聖人亦無如之何矣。

子曰：「群居終日，言不及義，好行小慧，難矣哉！」

注 好，去聲。

▲小慧，私智也。言不及義，則放辟邪侈之心滋。好行小慧，則行險僥倖之機熟。難矣哉者，言其無以入德，而將有患害也。

子曰：「君子義以爲質，禮以行之，孫以出之，信以成之。君子哉！」

注孫，去聲。

▲義者制事之本，故以為質幹。而行之必有節文，出之必以退遜，成之必在誠實，乃君子之道也。

程子曰：「義以為質，如質幹然。禮行此，孫出此，信成此。此四句只是一事，以義為本。」

又曰：「『敬以直內，則義以方外。』『義以為質，則禮以行之，孫以出之，信以成之。』」

子曰：「君子病無能焉，不病人之不己知也。」

子曰：「君子疾沒世而名不稱焉。」

▲范氏曰：「君子學以為己，不求人知。然沒世而名不稱焉，則無為善之實可知矣。」

子曰：「君子求諸己，小人求諸人。」

▲謝氏曰：「君子無不反求諸己，小人反是。此君子小人所以分也。」

楊氏曰：「君子雖不病人之不己知，然亦疾沒世而名不稱也。雖疾沒世而名不稱，然所以求者，亦反諸己而已。」

小人求諸人，故違道干譽，無所不至。三者文不相蒙，而義實相足，亦記言者之意。」

子曰：「君子矜而不爭，群而不黨。」

▲莊以持己曰矜，然無乖戾之心，故不爭。和以處眾曰群，然無阿比之意，故不黨。

子曰：「君子不以言舉人，不以人廢言。」

子貢問曰：「有一言而可以終身行之者乎？」子曰：「其恕乎！己所不欲，勿施於人。」

▲推己及物，其施不窮，故可以終身行之。

尹氏曰：「學貴於知要。子貢之問，可謂知要矣。孔子告以求仁之方也。推而極之，雖聖人之無我，不出乎此。終身行之，不亦宜乎？」

子曰：「吾之於人也，誰毀誰譽？如有所譽者，其有所試矣。斯民也，三代之所以直道而行也。」

注 譽，平聲。

▲毀者，稱人之惡而損其真。譽者，揚人之善而過其實。夫子無是也。然或有所譽者，則必嘗有以試之，而知其將

然矣。聖人善善之速，而無所苟如此。若其惡惡，則已緩矣。是以雖有以前知其惡，而終無所毀也。

▲斯民者，今此之人也。三代，夏、商、周也。直道，無私曲也。言吾之所以無所毀譽者，蓋以此民，即三代之時所以善其善、惡其惡而無所私曲之民。故我今亦不得而枉其是非之實也。

尹氏曰：「孔子之於人也，豈有意於毀譽之哉？其所以譽之者，蓋試而知其美故也。斯民也，三代所以直道而行，豈得容私於其間哉？」

子曰：「吾猶及史之闕文也，有馬者借人乘之。今亡矣夫！」

注 夫，音扶。

楊氏曰：「史闕文、馬借人，此二事孔子猶及見之。今亡矣夫，悼時之益偷也。」

▲愚謂，此必有為而言。蓋雖細故，而時變之大者可知矣。

胡氏曰：「此章義疑，不可強解。」

子曰：「巧言亂德，小不忍則亂大謀。」

▲巧言，變亂是非，聽之使人喪其所守。小不忍，如婦人之仁、匹夫之勇皆是。

子曰：「眾惡之，必察焉；眾好之，必察焉。」

注 好、惡，並去聲。

楊氏曰：「惟仁者能好惡人。眾好惡之而不察，則或蔽於私矣。」

子曰：「人能弘道，非道弘人。」

▲弘，廓而大之也。人外無道，道外無人。然人心有覺，而道體無為，故人能大其道，道不能大其人也。

張子曰：「心能盡性，人能弘道也。性不知檢其心，非道弘人也。」

子曰：「過而不改，是謂過矣。」

▲過而能改，則復於無過。惟不改則其過遂成，而將不及改矣。

子曰：「吾嘗終日不食，終夜不寢，以思，無益，不如學也。」

▲此為思而不學者言之。蓋勞心以必求，不如遜志而自得也。

李氏曰：「夫子非思而不學者，特垂語以教人爾。」

子曰：「君子謀道不謀食。耕也，餒在其中矣；學也，祿在其中矣。君子憂道不憂貧。」

注 餒，奴罪反。

▲耕所以謀食，而未必得食。學所以謀道，而祿在其中。然其學也，憂不得乎道而已，非為憂貧之故，而欲為是以得祿也。

尹氏曰：「君子治其本而不恤其末，豈以在外者為憂樂哉？」

子曰：「知及之，仁不能守之，雖得之，必失之。知及之，仁能守之，不莊以涖之，則民不敬。知及之，仁能守之，莊以涖之。動之不以禮，未善也。」

注 知，去聲。

▲知足以知此理，而私欲間之，則無以有之於身矣。

▲涖，臨也。謂臨民也。知此理而無私欲以間之，則所知者在我而不失矣。然猶有不莊者，蓋氣習之偏，或有厚於內而不嚴於外者，是以民不見其可畏而慢易之。下句放此。

▲動之，動民也。猶曰鼓舞而作興之云爾。禮，謂義理之節文。

愚謂學至於仁，則善有諸己而大本立矣。涖之不莊，動之不以禮，乃其氣稟學問之小疵，然亦非盡善之道也。故夫子歷言之，使知德愈全則責愈備，不可以為小節而忽之也。

子曰：「君子不可小知，而可大受也；小人不可大受，而可小知也。」

▲此言觀人之法。知，我知之也。受，彼所受也。蓋君子於細事未必可觀，而材德足以任重；小人雖器量淺狹，而未必無一長可取。

子曰：「民之於仁也，甚於水火。水火，吾見蹈而死者矣，未見蹈仁而死者也。」

▲民之於水火，所賴以生，不可一日無。其於仁也亦然。但水火外物，而仁在己。無水火，不過害人之身，而不仁則失其心。是仁有甚於水火，而尤不可以一日無也。況水火或有時而殺人，仁則未嘗殺人，亦何憚而不為哉？

李氏曰：「此夫子勉人為仁之語。」

下章放此。

子曰：「當仁不讓於師。」

▲當仁，以仁為己任也。雖師亦無所遜，言當勇往而必為也。蓋仁者，人所自有而自為之，非有爭也，何遜之有？

程子曰：「為仁在己，無所與遜。若善名為外，則不可不遜。」

子曰：「君子貞而不諒。」

注 貞，正而固也。諒，則不擇是非而必於信。

子曰：「事君，敬其事而後其食。」

▲後，與後獲之後同。食，祿也。君子之仕也，有官守者修其職，有言責者盡其忠。皆以敬吾之事而已，不可先有求祿之心也。

子曰：「有教無類。」

▲人性皆善，而其類有善惡之殊者，氣習之染也。故君子有教，則人皆可以復於善，而不當復論其類之惡矣。

子曰：「道不同，不相爲謀。」

注 為，去聲。

注 不同，如善惡邪正之異。

子曰：「辭達而已矣。」

注 辭，取達意而止，不以富麗為工。

師冕見，及階，子曰：「階也。」及席，子曰：「席也。」皆坐，子告之曰：「某在斯，某在斯。」師冕出。子張問曰：「與師言之道與？」子曰：「然。固相師之道也。」

注見，賢遍反。與，平聲。相，去聲。

▲師，樂師，瞽者。冕，名。再言某在斯，歷舉在坐之人以詔之。

▲聖門學者，於夫子之一言一動，無不存心省察如此。

▲相，助也。古者瞽必有相，其道如此。蓋聖人於此，非作意而為之，但盡其道而已。

尹氏曰：「聖人處己為人，其心一致，無不盡其誠故也。有志於學者，求聖人之心，於斯亦可見矣。」

范氏曰：「聖人不侮鰥寡，不虐無告，可見於此。推之天下，無一物不得其所矣。」

季氏第十六

解題

本篇首章記載季氏將伐顓臾，冉有與子路向孔子報告此事後，孔子與冉有之間的論辯過程，故以「季氏」名篇，共有十四章。本篇章句在結構上，與《論語》前十五篇有很大差異，如部分章句文字較長而流暢，與前十五篇的章句多簡潔含蓄不同。又稱引孔子之言，都記作「孔子曰」，與前十五篇多作「子曰」不同。清崔述在《洙泗考信餘錄》中說：「此篇文皆稱孔子，與前十五篇異，其非孔氏之徒所記甚明。」又在《論語餘說》中說：「《論語》前十篇中，稱孔子皆曰子，惟對君問，始曰孔子，尊君也。〈先進〉以下五篇，對大夫問，亦曰孔子，固失之矣，然尚未有徒稱孔子者。獨〈季氏〉篇，始終皆稱孔子，其爲采之他書明甚。」今人胡志奎《論語辨證》以爲考諸《孟子》，其所記有關孔子言行，亦皆直稱「孔子」、「孔子曰」，則〈季氏〉篇之成書，或許與《孟子》一書相近，爲鄒魯一帶儒生所記，說亦可參。

本篇的內容，邢昺《論語注疏》言爲「論天下無道，政在大夫，故孔子陳其正道，揚其衰失，稱損益以教人，舉《詩》、《禮》以訓子，明君子之行，正夫人之名。」則本篇的記載，可歸爲「治國」與「修身」兩大類。就「治國」類而言，最有代表性的當爲首章章句。季氏將伐顓臾之事，不見於其他經傳記載，但就冉求與子路同爲季氏家臣的時間推求，大約發生在魯哀公十一年至十四年之間，其時孔子年事已長，並無政治實權，但在魯國有很高的聲望，冉求與子路將此事向孔子報告，應該是希望尋求老師對此事的支持。但顓臾是魯國境內附庸的小國，對魯國並無威脅，在國境內發動戰爭，實在是師出無名，冉求與子路大概也知道自己站不住腳，所以向來坦率直言的子路，在此章中記載中並無發言，而是由多才多藝、有從政才能的冉有向孔子說明，且用語十分委婉含蓄，只說「將有事於顓臾」。

　　事實上，孔子雖然肯定冉求的政治才能，但對於冉求一再配合季氏違禮亂紀，也多有指責。〈先進〉篇中尚有孔子說冉求「非吾徒也。小子鳴鼓而攻之，可也。」的記載，於此章中更直斥「求，無乃爾是過與？」冉求發現瞞不過孔子後，竟還試圖諉過季氏，說這不是自己和子路的主張，孔子憤而指責他們尸位素餐，「危而不持，顚而不扶，則將焉用彼相矣？」最後冉求說了實話，他們其實是擔心顓臾城池堅固，且近於季氏采邑費地，日後可能會成爲季氏的威脅。這是出於一己之私，根本不是爲了國家利益，因此孔子再度指責冉求文過飾非，提醒冉求治國要「均無貧，和無寡，安無傾」，才能近悅遠來，否則季氏之憂「不在顓臾，而在蕭牆之內。」

　　在〈子路〉篇，我們說過孔子以「正名」爲施政之先務，但春秋時期，天子旁落，諸侯各自爲政，本就讓孔子痛心疾首，魯國境內又是三桓專政，國政頹唐，擔任季氏家臣的冉求與子路不求改變亂象，竟還助紂爲虐，也難怪孔子會疾言厲色的加以指責。我們若能再理解本篇第二章孔子「天下有道，則政不在大夫。天下有道，則庶人不議。」的感歎，則更可以看出孔子對於「名正言順」的堅持。

就「修身」而言，本篇提出了很多具體的主張。如「益者三友，損者三友」、「益者三樂，損者三樂」、「言者三愆」、「君子三戒」、「君子三畏」及「君子九思」等，雖然未必完整，但都可以爲立己修身者指引明確的方向。

洪氏曰：「此篇或以爲齊論。」凡十四章。

季氏將伐顓臾。冉有、季路見於孔子曰：「季氏將有事於顓臾。」孔子曰：「求！無乃爾是過與？夫顓臾，昔者先王以爲東蒙主，且在邦域之中矣，是社稷之臣也。何以伐爲？」冉有曰：「夫子欲之，吾二臣者皆不欲也。」孔子曰：「求！周任有言曰：『陳力就列，不能者止。』危而不持，顛而不扶，則將焉用彼相矣？且爾言過矣。虎兕出於柙，龜玉毀於櫝中，是誰之過與？」冉有曰：「今夫顓臾，固而近於費。今不取，後世必爲子孫憂。」孔子曰：「求！君子疾夫舍曰欲之，而必爲之辭。丘也聞有國有家者，不患寡而患不均，不患貧而患不安。蓋均無貧，和無寡，安無傾。夫如是，故遠人不服，則修文德以來之。既來之，則安之。今由與求也，相夫子，遠人不服而不能來也，邦分崩離析而不能守也。而謀動干戈於邦內。吾恐季孫之憂，不在顓臾，而在蕭牆之內也。」

注 顓，音專。臾，音俞。見，賢遍反。與，平聲。夫，音扶。任，平聲。焉，於虔反。相，去聲，下同。兕，徐履反。柙，戶甲反。櫝，音獨。與，平聲。夫，音扶。夫，音扶。舍，上聲。夫，音扶。

注 顓臾，國名。魯附庸也。

▲按《左傳》、《史記》，二子仕季氏不同時。此云爾者，疑子路嘗從孔子自衛反魯，再仕季氏，不久而復之衛也。

▲冉求為季氏聚斂，尤用事。故夫子獨責之。

▲東蒙，山名。先王封顓臾於此山之下，使主其祭，在魯地七百里之中。社稷，猶云公家。是時四分魯國，季氏取其二，孟孫叔孫各有其一。獨附庸之國尚為公臣，季氏又欲取以自益。故孔子言顓臾乃先王封國，則不可伐；在邦域之中，則不必伐；是社稷之臣，則非季氏所當伐也。此事理之至當，不易之定體，而一言盡其曲折如此，非聖人不能也。

▲夫子，指季孫。冉有實與謀，以孔子非之，故歸咎於季氏。

▲周任，古之良史。陳，布也。列，位也。相，瞽者之相也。言二子不欲則當諫，諫而不聽，則當去也。

▲兕，野牛也。柙，檻也。櫝，匱也。言在柙而逸，在櫝而毀，典守者不得辭其過。明二子居其位而不去，則季氏

▲固，謂城郭完固。費，季氏之私邑。此則冉求之飾辭，然亦可見其實與季氏之謀矣。
欲之，謂貪其利。

▲寡，謂民少。貧，謂財乏。均，謂各得其分。安，謂上下相安。季氏之欲取顓臾，患寡與貧耳。然是時季氏據國，而魯公無民，則不均矣。君弱臣強，互生嫌隙，則不安矣。均則不患於貧而和，和則不患於寡而安，安則不相疑忌，而無傾覆之患。

▲內治修，然後遠人服。有不服，則修德以來之，亦不當勤兵於遠。

▲子路雖不與謀，而素不能輔之以義，亦不得為無罪，故并責之。遠人，謂顓臾。分崩離析，謂四分公室，家臣屢叛。

注 干，楯也。戈，戟也。蕭牆，屏也。言不均不和，內變將作。其後哀公果欲以越伐魯而去季氏。

謝氏曰：「當是時，三家強，公室弱，冉求又欲伐顓臾以附益之。夫子所以深罪之，為其瘠魯以肥三家也。」

洪氏曰：「二子仕於季氏，凡季氏所欲為，必以告於夫子。則因夫子之言而救止者，宜亦多矣。伐顓臾之事，不見於經傳，其以夫子之言而止也與？」

孔子曰：「天下有道，則禮樂征伐自天子出；天下無道，則禮樂征伐自諸侯出。自諸侯出，蓋十世希不失矣；自大夫出，五世希不失矣；陪臣執國命，三世希不失矣。天下有道，則政不在大夫。天下有道，則庶人不議。」

▲先王之制，諸侯不得變禮樂，專征伐。陪臣，家臣也。逆理愈甚，則其失之愈速。大約世數，不過如此。

▲言不得專政。

▲上無失政，則下無私議。非箝其口使不敢言也。

此章通論天下之勢。

孔子曰：「祿之去公室，五世矣；政逮於大夫，四世矣；故夫三桓之子孫，微矣。」

注夫，音扶。

▲魯自文公薨，公子遂殺子赤，立宣公，而君失其政。歷成、襄、昭、定，凡五公。逮，及也。自季武子始專國政，歷悼、平、桓子，凡四世，而為家臣陽虎所執。三桓，三家，皆桓公之後。此以前章之說推之，而知其當然也。

此章專論魯事，疑與前章皆定公時語。

蘇氏曰：「禮樂征伐自諸侯出，宜諸侯之強也，而魯以失政。政逮於大夫，宜大夫之強也，而三桓以微。何也？強生於安，安生於上下之分定。今諸侯大夫皆陵其上，則無以令其下矣。故皆不久而失之也。」

孔子曰：「益者三友，損者三友。友直，友諒，友多聞，益矣。友便辟，友善柔，友便佞，損矣。」

注 便，平聲。辟，婢亦反。

▲友直，則聞其過。友諒，則進於誠。友多聞，則進於明。便，習熟也。便辟，謂習於威儀而不直。善柔，謂工於媚悅而不諒。便佞，謂習於口語，而無聞見之實。三者損益，正相反也。

尹氏曰：「自天子至於庶人，未有不須友以成者。而其損益有如是者，可不謹哉？」

孔子曰：「益者三樂，損者三樂。樂節禮樂，樂道人之善，樂多賢友，益矣。樂驕樂，樂佚遊，樂宴樂，損矣。」

注 樂，五教反。禮樂之樂，音岳。驕樂宴樂之樂，音洛。

▲節，謂辨其制度聲容之節。驕樂，則侈肆而不知節。佚遊，則惰慢而惡聞善。宴樂，則淫溺而狎小人。三者損益，亦相反也。

尹氏曰：「君子之於好樂，可不謹哉？」

孔子曰：「侍於君子有三愆，言未及之而言謂之躁，言及之而不言謂之隱，未見顏色而言謂之瞽。」

▲君子，有德位之通稱。愆，過也。瞽，無目，不能察言觀色。

尹氏曰：「時然後言，則無三者之過矣。」

孔子曰：「君子有三戒：少之時，血氣未定，戒之在色；及其壯也，血氣方剛，戒之在鬥；及其老也，血氣既衰，戒之在得。」

▲血氣，形之所待以生者，血陰而氣陽也。得，貪得也。隨時知戒，以理勝之，則不為血氣所使也。

范氏曰：「聖人同於人者血氣也，異於人者志氣也。血氣有時而衰，志氣則無時而衰也。少未定、壯而剛、老而衰者，血氣也。戒於色、戒於鬥、戒於得者，志氣也。君子養其志氣，故不為血氣所動，是以年彌高而德彌卲也。」

孔子曰：「君子有三畏，畏天命，畏大人，畏聖人之言。小人不知天命而不畏也，狎大人，侮聖人之言。」

▲畏者，嚴憚之意也。天命者，天所賦之正理也。知其可畏，則其戒謹恐懼，自有不能已者。而付畀之重，可以不失矣。大人聖言，皆天命所當畏。知畏天命，則不得不畏之矣。

注 侮，戲玩也。不知天命，故不識義理，而無所忌憚如此。

尹氏曰：「三畏者，修己之誠當然也。小人不務修身誠己，則何畏之有？」

孔子曰：「生而知之者，上也；學而知之者，次也；困而學之，又其次也；困而不學，民斯爲下矣。」

▲困，謂有所不通。言人之氣質不同，大約有此四等。

楊氏曰：「生知學知以至困學，雖其質不同，然及其知之一也。故君子惟學之為貴。困而不學，然後為下。」

孔子曰：「君子有九思，視思明，聽思聰，色思溫，貌思恭，言思忠，事思敬，疑思問，忿思難，見得思義。」

注 難，去聲。

▲視無所蔽，則明無不見。聽無所壅，則聰無不聞。色，見於面者。貌，舉身而言。思問，則疑不蓄。思難，則忿必懲。思義，則得不苟。

程子曰：「九思各專其一。」

謝氏曰：「未至於從容中道，無時而不自省察也。雖有不存焉者寡矣，此之謂思誠。」

孔子曰：「見善如不及，見不善如探湯。吾見其人矣，吾聞其語矣。隱居以求其志，行義以達其道。吾聞其語矣，未見其人也。」

注 探，吐南反。

▲真知善惡而誠好惡之，顏、曾、閔、冉之徒，蓋能之矣。語，蓋古語也。

▲求其志，守其所達之道也。達其道，行其所求之志也。蓋惟伊尹、太公之流，可以當之。當時若顏子，亦庶乎

此。然隱而未見，又不幸而蚤死，故夫子云然。

齊景公有馬千駟，死之日，民無德而稱焉。伯夷叔齊餓於首陽之下，民到於今稱之。其斯之謂與？

注 與，平聲。

注 駟，四馬也。首陽，山名。

胡氏曰：「程子以為第十二篇錯簡『誠不以富，亦只以異』，當在此章之首。今詳文勢，似當在此句之上。言人之所稱，不在於富，而在於異也。」愚謂此說近是，而章首當有孔子曰字，蓋闕文耳。大抵此書後十篇多闕誤。

陳亢問於伯魚曰：「子亦有異聞乎？」對曰：「未也。嘗獨立，鯉趨而過庭。曰：『學詩乎？』對曰：『未也。』『不學詩，無以言。』鯉退而學詩。他日又獨立，鯉趨而過庭。曰：『學禮乎？』對曰：『未也。』『不學禮，無以立。』鯉退而學禮。聞斯二者。」陳亢退而喜曰：「問一得三，聞詩，聞禮，又聞君子之遠其子也。」

注 亢，音剛。遠，去聲。

▲亢以私意窺聖人，疑必陰厚其子。

▲事理通達，而心氣和平，故能言。

▲品節詳明，而德性堅定，故能立。

▲當獨立之時，所聞不過如此，其無異聞可知。

尹氏曰：「孔子之教其子，無異於門人，故陳亢以為遠其子。」

邦君之妻，君稱之曰夫人，夫人自稱曰小童；邦人稱之曰君夫人，稱諸異邦曰寡小君；異邦人稱之亦曰君夫人。

注 寡，寡德，謙辭。

吳氏曰：「凡《語》中所載如此類者，不知何謂。或古有之，或夫子嘗言之，不可考也。」

陽貨第十七

解題

本篇首章記陽貨見孔子事，故以「陽貨」爲篇名，共有二十六章。邢昺《論語注疏》言：「此篇論陪臣專恣，因明性習知愚，禮樂本末，六蔽之惡，〈二南〉之美，君子小人爲行各異，今之與古，其疾不同。」邢昺此說，只是依本篇章句順序略做勾勒，並未能完全掌握本篇重點。要研讀此篇，首先當留意的是本篇中一些較有爭議的記載，如首章所記陽貨與孔子的互動，即是一例。陽貨是魯國季孫氏的家臣，當時專擅魯國政權，也就是孔子所批判的「陪臣執國命」。陽貨想見孔子，自是想藉孔子的聲望來鞏固自己的地位，孔子當然會拒絕他，但他卻趁孔子不在的時候，送禮到孔子家，禮既尙往來，孔子不得不回訪，遂也趁陽貨不在家的時候回訪。豈料人算不如天算，孔子回程的路上遇到了陽貨，陽貨以高傲的姿態對孔子「曉以大義」，希望孔子展現仁德與智慧，出來爲國家（其實是爲陽貨）做些事，孔子最後以「諾，吾將仕矣。」結束這場意外的會面。前人多以孔子守經行權的智慧來解釋此章句，認爲陽貨絮絮叨叨，孔子不得不「以不絕絕之」（清毛奇齡《論語稽求篇》）。但守經行權也必須善惡分明，不能是非不分，孔子言政，首倡正名，遇到亂臣以權勢誘迫，孔子可能屈服嗎？如果不願屈服，又何必曲意附和呢？同樣的，本篇還記載了當公山弗擾據費邑反叛、佛肸據中牟反叛時，都曾召請孔子協助，孔子也都想去，還是因爲平常行事魯莽欠思慮的子路出面攔阻，孔子才說明自己是期待能去往當地一展抱負。但這實在仍與我們熟知的孔子正義形象大相扞格，清崔述《洙泗考信錄》便言此二事都是「必無之事」，蓋出於後人所附會。

此外，孔子到了子游所治理的武城，聞禮樂弦歌之聲，理應欣喜子游以禮樂教化百姓，但孔子卻笑說：「割雞，焉用牛刀？」在子游說明自己是秉持老師說過的「君子學道則愛人，小人學道則易使也。」後，孔子才承認子游的說法是對的，自己只是戲言而已。此章所呈顯的孔子形象，亦與「述而不作，信而好古」、「好古，敏以求之者」，主張「文之以禮樂，亦可以爲成人矣」的孔子有所差異。《論語》中此類章句的出現，顯示「下論」內容到此已有駁雜未安之處，或許已混有後人傳聞失實之事，是我們研讀《論語》時，必須特別謹慎思辨的。

除此之外，本篇仍有些短語警句式的記載，如提醒我們留意習染對任性的影響、分辨君子小人之異、掌握禮樂的本質以及若不學禮以節度之，仁智信直勇剛這些德行也可能發生弊端等，則可與《論語》其他相關篇章參看，便能掌握其意涵。

凡二十六章。

陽貨欲見孔子，孔子不見，歸孔子豚。孔子時其亡也，而往拜之，遇諸塗。謂孔子曰：「來！予與爾言。」曰：「懷其寶而迷其邦，可謂仁乎？」曰：「不可。」「好從事而亟失時，可謂知乎？」曰：「不可。」「日月逝矣，歲不我與。」孔子曰：「諾。吾將仕矣。」

注 歸，如字，一作饋。好、亟、知，並去聲。

▲陽貨，季氏家臣，名虎。嘗囚季桓子而專國政。欲令孔子來見己，而孔子不往。貨以禮，大夫有賜於士，不得受於其家，則往拜其門。故瞰孔子之亡而歸之豚，欲令孔子來拜而見之也。

▲懷寶迷邦，謂懷藏道德，不救國之迷亂。亟，數也。失時，謂不及事幾之會。將者，且然而未必之辭。貨語皆譏孔子而諷使速仕。孔子固未嘗如此，而亦非不欲仕也，但不仕於貨耳。故直據理答之，不復與辯，若不諭其意者。

▲陽貨之欲見孔子，雖其善意，然不過欲使助己為亂耳。故孔子不見者，義也。其往拜者，禮也。必時其亡而往者，欲其稱也。遇諸塗而不避者，不終絕也。隨問而對者，理之直也。對而不辯者，言之孫而亦無所詘也。楊氏曰：「揚雄謂孔子於陽貨也，敬所不敬，為詘身以通道。非知孔子者。蓋道外無身，身外無道。身詘矣而可以通道，吾未之信也。」

子曰：「性相近也，習相遠也。」

▲此所謂性，兼氣質而言者也。氣質之性，固有美惡之不同矣。然以其初而言，則皆不甚相遠也。但習於善則善，

習於惡則惡，於是始相遠耳。

程子曰：「此言氣質之性。非言性之本也。若言其本，則性即是理，理無不善，孟子之言性善是也。何相近之有哉？」

子曰：「惟上知與下愚不移。」

注 知，去聲。

▲此承上章而言。人之氣質相近之中，又有美惡一定，而非習之所能移者。

程子曰：「人性本善，有不可移者何也？語其性則皆善也，語其才則有下愚之不移。所謂下愚有二焉：自暴自棄也。人苟以善自治，則無不可移，雖昏愚之至，皆可漸磨而進也。惟自暴者拒之以不信，自棄者絕之以不為，雖聖人與居，不能化而入也，仲尼之所謂下愚也。然其質非必昏且愚也，往往強戾而才力有過人者，商辛是也。聖人以其自絕於善，謂之下愚，然考其歸則誠愚也。」

或曰：「此與上章當合為一，子曰二字，蓋衍文耳。」

子之武城，聞弦歌之聲。夫子莞爾而笑，曰：「割雞焉用牛刀？」子游對曰：「昔者偃也聞諸夫子曰：『君子學道則愛人，小人學道則易使也。』」子曰：「二三子！偃之言是也。前言戲之耳。」

注 莞，華版反。焉，於虔反。易，去聲。

注 弦，琴瑟也。時子游為武城宰，以禮樂為教，故邑人皆弦歌也。

注 莞爾，小笑貌，蓋喜之也。因言其治小邑，何必用此大道也。

▲君子小人，以位言之。子游所稱，蓋夫子之常言。言君子小人，皆不可以不學。故武城雖小，亦必教以禮樂。

▲嘉子游之篤信，又以解門人之惑也。

▲治有大小，而其治之必用禮樂，則其為道一也。但眾人多不能用，而子游獨行之。故夫子驟聞而深喜之，因反其言以戲之。而子游以正對，故復是其言，而自實其戲也。

公山弗擾以費畔，召，子欲往。子路不說，曰：「末之也已，何必公山氏之之也。」子曰：「夫召我者而豈徒哉？如有用我者，吾其爲東周乎？」

注 說，音悅。夫，音扶。

▲弗擾，季氏宰。與陽貨共執桓子，據邑以叛。

▲末，無也。言道既不行，無所往矣，何必公山氏之往乎？

▲豈徒哉，言必用我也。為東周，言興周道於東方。

程子曰：「聖人以天下無不可有為之人，亦無不可改過之人，故欲往。然而終不往者，知其必不能改故也。」

子張問仁於孔子。孔子曰：「能行五者於天下，爲仁矣。」請問之。曰：「恭、寬、信、敏、惠。恭則不侮，寬則得眾，信則人任焉，敏則有功，惠則足以使人。」

▲行是五者，則心存而理得矣。於天下，言無適而不然，猶所謂雖之夷狄不可棄者。五者之目，蓋因子張所不足而言耳。任，倚仗也，又言其效如此。

張敬夫曰：「能行此五者於天下，則其心公平而周遍可知矣，然恭其本與？」李氏曰：「此章與六言、六蔽、五美、四惡之類，皆與前後文體大不相似。」

佛肸召，子欲往。子路曰：「昔者由也聞諸夫子曰：『親於其身爲不善者，君子不入也。』佛肸以中牟畔，子之往也，如之何！」子曰：「然。有是言也。不曰堅乎，磨而不磷；不曰白乎，涅而不緇。吾豈匏瓜也哉？焉能繫而不食？」

注 佛，音弼。肸，許密反。磷，力刃反。涅，乃結反。焉，於虔反。

注 佛肸，晉大夫趙氏之中牟宰也。

▲子路恐佛肸之浼夫子，故問此以止夫子之行。親，猶自也。不入，不入其黨也。

注 磷，薄也。涅，染皁物。言人之不善，不能浼己。

楊氏曰：「磨不磷，涅不緇，而後無可無不可。堅白不足，而欲自試於磨涅，其不磷緇也者，幾希。」

注 匏，瓠也。匏瓜繫於一處而不能飲食，人則不如是也。

張敬夫曰：「子路昔者之所聞，君子守身之常法。夫子今日之所言，聖人體道之大權也。然夫子於公山佛肸之召皆欲往者，以天下無不可變之人，無不可為之事也。其卒不往者，知其人之終不可變而事之終不可為耳。一則生物之仁，一則知人之智也。」

子曰：「由也，女聞六言六蔽矣乎？」對曰：「未也。」「居！吾語女。好仁不好學，其蔽也愚；好知不好學，其蔽也蕩；好信不好學，其蔽也賊；好直不好學，其蔽也絞；好勇不好學，其蔽也亂；好剛不好學，其蔽也狂。」

注 女，音汝，下同。語，去聲。好、知，並去聲。

注 蔽，遮掩也。

▲《禮》：君子問更端，則起而對。故孔子諭子路，使還坐而告之。

▲六言皆美德，然徒好之而不學以明其理，則各有所蔽。愚，若可陷可罔之類。蕩，謂窮高極廣而無所止。賊，謂傷害於物。勇者，剛之發。剛者，勇之體。狂，躁率也。

范氏曰：「子路勇於為善，其失之者，未能好學以明之也，故告之以此。曰勇、曰剛、曰信、曰直，又皆所以救其偏也。」

子曰：「小子！何莫學夫《詩》？《詩》，可以興，可以觀，可以群，可以怨。邇之事父，遠之事君。多識於鳥獸草木之名。」

注 夫，音扶。

注 小子，弟子也。

▲感發志意。考見得失。和而不流。怨而不怒。人倫之道，《詩》無不備，二者舉重而言。

▲其緒餘又足以資多識。

▲學《詩》之法，此章盡之。讀是經者，所宜盡心也。

子謂伯魚曰：「女爲〈周南〉、〈召南〉矣乎？人而不爲〈周南〉、〈召南〉，其猶正牆面而立也與？」

注 女，音汝。與，平聲。

▲為，猶學也。〈周南〉、〈召南〉，詩首篇名。所言皆修身齊家之事。正牆面而立，言即其至近之地，而一物無

所見，一步不可行。

子曰：「禮云禮云，玉帛云乎哉？樂云樂云，鐘鼓云乎哉？」

▲敬而將之以玉帛，則為禮；和而發之以鐘鼓，則為樂。遺其本而專事其末，則豈禮樂之謂哉？

程子曰：「禮只是一個序，樂只是一個和。只此兩字，含蓄多少義理。天下無一物無禮樂。且如置此兩椅，一不正，便是無序。無序便乖，乖便不和。又如盜賊至為不道，然亦有禮樂。蓋必有總屬，必相聽順，乃能為盜。不然，則叛亂無統，不能一日相聚而為盜也。禮樂無處無之，學者須要識得。」

子曰：「色厲而內荏，譬諸小人，其猶穿窬之盜也與？」

注 荏，而審反。與，平聲。

注 厲，威嚴也。荏，柔弱也。小人，細民也。穿，穿壁。窬，踰牆。言其無實盜名，而常畏人知也。

子曰：「鄉原，德之賊也。」

▲鄉者，鄙俗之意。原，與愿同。《荀子》原愨，《注》讀作愿是也。鄉原，鄉人之愿者也。蓋其同流合汙以媚於世，故在鄉人之中，獨以愿稱。夫子以其似德非德，而反亂乎德，故以為德之賊而深惡之。詳見《孟子》末篇。

子曰：「道聽而塗說，德之棄也。」

▲雖聞善言，不為己有，是自棄其德也。

王氏曰：「君子多識前言往行以畜其德，道聽塗說，則棄之矣。」

子曰：「鄙夫可與事君也與哉？其未得之也，患得之；既得之，患失之。苟患失之，無所不至矣。」

注 與，平聲。

注 鄙夫，庸惡陋劣之稱。

何氏曰：「患得之，謂患不能得之。」

▲小則吮癰舐痔，大則弒父與君，皆生於患失而已。

胡氏曰：「許昌靳裁之有言曰：『士之品大概有三：志於道德者，功名不足以累其心；志於功名者，富貴不足以累其心；志於富貴而已者，則亦無所不至矣。』志於富貴，即孔子所謂鄙夫也。」

子曰：「古者民有三疾，今也或是之亡也。古之狂也肆，今之狂也蕩；古之矜也廉，今之矜也忿戾；古之愚也直，今之愚也詐而已矣。」

▲氣失其平則為疾，故氣稟之偏者亦謂之疾。昔所謂疾，今亦無之，傷俗之益衰也。

▲狂者，志願太高。肆，謂不拘小節。蕩則踰大閑矣。矜者，持守太嚴。廉，謂稜角陗厲。忿戾則至於爭矣。愚者，暗昧不明。直，謂徑行自遂。詐則挾私妄作矣。

范氏曰：「末世滋偽。豈惟賢者不如古哉？民性之蔽，亦與古人異矣。」

子曰：「巧言令色，鮮矣仁。」

▲重出。

子曰：「惡紫之奪朱也，惡鄭聲之亂雅樂也，惡利口之覆邦家者。」

注 惡，去聲。覆，芳服反。

注 朱，正色。紫，閒色。雅，正也。利口，捷給。覆，傾敗也。

范氏曰：「天下之理，正而勝者常少，不正而勝者常多，聖人所以惡之也。利口之人，以是為非，以非為是，以賢為不肖，以不肖為賢。人君苟悦而信之，則國家之覆也不難矣。」

子曰：「予欲無言。」子貢曰：「子如不言，則小子何述焉？」子曰：「天何言哉？四時行焉，百物生焉，天何言哉？」

▲學者多以言語觀聖人，而不察其天理流行之實，有不待言而著者。是以徒得其言，而不得其所以言，故夫子發此

以警之。

▲子貢正以言語觀聖人者，故疑而問之。

▲四時行，百物生，莫非天理發見流行之實，不待言而可見。聖人一動一靜，莫非妙道精義之發，亦天而已，豈待言而顯哉？此亦開示子貢之切，惜乎其終不喻也。

程子曰：「孔子之道，譬如日星之明，猶患門人未能盡曉，故曰『予欲無言』。若顏子則便默識，其他則未免疑問，故曰『小子何述』。」

又曰：「『天何言哉，四時行焉，百物生焉』，則可謂至明白矣。」

愚按：此與前篇無隱之意相發，學者詳之。

孺悲欲見孔子，孔子辭以疾。將命者出戶，取瑟而歌。使之聞之。

▲孺悲，魯人，嘗學士喪禮於孔子。當是時必有以得罪者。故辭以疾，而又使知其非疾，以警教之也。

程子曰：「此孟子所謂不屑之教誨，所以深教之也。」

宰我問：「三年之喪，期已久矣。君子三年不爲禮，禮必壞；三年不爲樂，樂必崩。舊穀既沒，新穀既升，鑽燧改火，期可已矣。」子曰：「食夫稻，衣夫錦，於女安乎？」曰：「安。」「女安則爲之！夫君子之居喪，食旨不甘，聞樂不樂，居處不安，故不爲也。今女安，則爲之！」宰我出。子曰：「予之不仁也！子生三年，然後免於父母之懷。夫三年之喪，天下之通喪也。予也有三年之愛於其父母乎？」

注 期，音基，下同。鑽，祖官反。夫，音扶，下同。衣，去聲。女，音汝，下同。樂，上如字，下音洛。

注 期，周年也。

▲恐居喪不習而崩壞也。

▲沒，盡也。升，登也。燧，取火之木也。改火，春取榆柳之火，夏取棗杏之火，夏季取桑柘之火，秋取柞楢之火，冬取槐檀之火，亦一年而周也。已，止也。言期年則天運一周，時物皆變，喪至此可止也。

尹氏曰：「短喪之說，下愚且恥言之。宰我親學聖人之門，而以是為問者，有所疑於心而不敢強焉爾。」

▲《禮》：父母之喪，既殯，食粥、麤衰。既葬，疏食、水飲，受以成布。期而小祥，始食菜果，練冠縓緣、要絰不除，無食稻衣錦之理。夫子欲宰我反求諸心，自得其所以不忍者。故問之以此，而宰我不察也。

▲此夫子之言也。旨，亦甘也。初言女安則為之，絕之之辭。又發其不忍之端，以警其不察。而再言女安則為之以深責之。

▲宰我既出，夫子懼其真以為可安而遂行之，故深探其本而斥之。言由其不仁，故愛親之薄如此也。懷，抱也。又言君子所以不忍於親，而喪必三年之故。使之聞之，或能反求而終得其本心也。

范氏曰：「喪雖止於三年，然賢者之情則無窮也。特以聖人為之中制而不敢過，故必俯而就之。非以三年之喪，為足以報其親也。所謂三年然後免於父母之懷，特以責宰我之無恩，欲其有以跂而及之爾。」

子曰：「飽食終日，無所用心，難矣哉！不有博弈者乎，爲之猶賢乎已。」

注 博，局戲也。弈，圍棋也。已，止也。
李氏曰：「聖人非教人博弈也，所以甚言無所用心之不可爾。」

子路曰：「君子尚勇乎？」子曰：「君子義以爲上。君子有勇而無義爲亂，小人有勇而無義爲盜。」

注 尚，上之也。君子為亂，小人為盜，皆以位而言者也。
尹氏曰：「義以為尚，則其勇也大矣。子路好勇，故夫子以此救其失也。」
胡氏曰：「疑此子路初見孔子時問答也。」

子貢曰：「君子亦有惡乎？」子曰：「有惡，惡稱人之惡者，惡居下流而訕上者，惡勇而無禮者，惡果敢而窒者。」曰：「賜也亦有惡乎？」「惡徼以爲知者，惡不孫以爲勇者，惡訐以爲直者。」

注 惡，去聲，下同。惟惡者之惡如字。訕，所諫反。徼，古堯反。知、孫，並去聲。訐，居謁反。

注訕，謗毀也。窒，不通也。稱人惡，則無仁厚之意。下訕上，則無忠敬之心。勇無禮，則為亂。果而窒，則妄作。故夫子惡之。

注惡徼以下，子貢之言也。徼，伺察也。訐，謂攻發人之陰私。

楊氏曰：「仁者無不愛，則君子疑若無惡矣。子貢之有是心也，故問焉以質其是非。」

侯氏曰：「聖賢之所惡如此，所謂惟仁者能惡人也。」

子曰：「惟女子與小人爲難養也，近之則不孫，遠之則怨。」

注近、孫、遠，並去聲。

▲此小人，亦謂僕隸下人也。君子之於臣妾，莊以蒞之，慈以畜之，則無二者之患矣。

子曰：「年四十而見惡焉，其終也已。」

注惡，去聲。

▲四十，成德之時。見惡於人，則止於此而已，勉人及時遷善改過也。

蘇氏曰：「此亦有為而言，不知其為誰也。」

微子第十八

解題

本篇取首章「微子去之」句中「微子」兩字爲篇名，共十一章。邢昺《論語注疏》言：「此篇論天下無道，禮壞樂崩，君子仁人或去或死，否則隱淪巖野，周流四方，因記周公戒魯公之語，四乳生八士之名。」蓋本篇內容多記時人或古人出處立身大節之事，以反映人才之顯晦，與時代之興亡治亂息息相關。又本篇中稱引孔子之言，與〈季氏〉篇相同，多稱「孔子曰」，又略記孔子逸事，在敘事章句中，似已並非以孔子爲主角，「其記言內容，每下愈況，日趨低調，其與上論所記孔子之氣象迥異，且多記有跡近道家遁世之言。」（胡志奎《論語辨證》）大抵亦爲孔子的再傳弟子或鄒魯之間學者所記。

本篇所記載的人物，大致可以分爲以下幾類：

1. 諷刺孔子者：如在孔子面前歌曰：「鳳兮！鳳兮！何德之衰？往者不可諫，來者猶可追。」的楚國狂人接輿；認爲「滔滔者天下皆是也，而誰以易之？」長沮、桀溺及指責子路「四體不勤，五穀不分」的荷蓧丈人等。孔子在面對諷刺他不能審度時局、知難而退、隱居避世的人時，仍然會堅持積極入世，推行仁道，知其不可而爲之。

2. 不能用孔子者：如原來願意「以季、孟之閒」對待孔子，後來又託言「吾老矣，不能用也。」的齊景公；耽溺於齊人所送女樂而不上朝的季桓子等。

3. 孔子所稱許者：如被孔子稱爲「三仁」的微子、箕子及比干；「不降其志，不辱其身」的伯夷、叔齊；「降志辱身矣，言中倫，行中慮」的柳下惠、少連；「隱居放言，身中清，廢中權」的虞仲、夷逸等。

4. 周朝賢人：本篇雜記許多周朝的賢人言行，如魯哀公時期集體出亡的樂工群、周初的八位賢士以及周公對其子伯禽的告誡等。這些章句與孔子並無直接連繫，並非孔子所言，也無孔子按語。大抵只是附記於本篇，以供後人參考。

此篇多記聖賢之出處，凡十一章。

微子去之，箕子爲之奴，比干諫而死。孔子曰：「殷有三仁焉。」

▲微、箕，二國名。子，爵也。微子，紂庶兄。箕子、比干，紂諸父。微子見紂無道，去之以存宗祀。箕子、比干皆諫，紂殺比干，囚箕子以為奴，箕子因佯狂而受辱。

▲三人之行不同，而同出於至誠惻怛之意，故不咈乎愛之理，而有以全其心之德也。楊氏曰：「此三人者，各得其本心，故同謂之仁。」

柳下惠為士師，三黜。人曰：「子未可以去乎？」曰：「直道而事人，焉往而不三黜？枉道而事人，何必去父母之邦。」

注 三，去聲。焉，於虔反。

▲士師，獄官。黜，退也。柳下惠三黜不去，而其辭氣雍容如此，可謂和矣。然其不能枉道之意，則有確乎其不可拔者。是則所謂必以其道，而不自失焉者也。

胡氏曰：「此必有孔子斷之之言而亡之矣。」

齊景公待孔子，曰：「若季氏則吾不能，以季、孟之閒待之。」曰：「吾老矣，不能用也。」孔子行。

▲魯三卿，季氏最貴，孟氏為下卿。孔子去之，事見《世家》。然此言必非面語孔子，蓋自以告其臣，而孔子聞之爾。

程子曰：「季氏強臣，君待之之禮極隆，然非所以待孔子也。以季、孟之閒待之，則禮亦至矣。然復曰『吾老矣不能用也』，故孔子去之。蓋不繫待之輕重，特以不用而去爾。」

齊人歸女樂，季桓子受之。三日不朝，孔子行。

注 歸，如字，或作饋。朝，音潮。

▲季桓子，魯大夫，名斯。按《史記》，「定公十四年，孔子為魯司寇，攝行相事。齊人懼，歸女樂以沮之。」

尹氏曰：「受女樂而怠於政事如此，其簡賢棄禮，不足與有為可知矣。夫子所以行也，所謂見幾而作，不俟終日者與？」

范氏曰：「此篇記仁賢之出處，而折中以聖人之行，所以明中庸之道也。」

楚狂接輿歌而過孔子曰：「鳳兮！鳳兮！何德之衰？往者不可諫，來者猶可追。已而，已而！今之從政者殆而！」孔子下，欲與之言。趨而辟之，不得與之言。

注 辟，去聲。

▲接輿，楚人，佯狂辟世。夫子時將適楚，故接輿歌而過其車前也。鳳有道則見，無道則隱，接輿以比孔子，而譏其不能隱為德衰也。來者可追，言及今尚可隱去。已，止也。而，語助辭。殆，危也。接輿蓋知尊孔子而趨不同者也。

▲孔子下車，蓋欲告之以出處之意。接輿自以為是，故不欲聞而避之也。

長沮、桀溺耦而耕，孔子過之，使子路問津焉。長沮曰：「夫執輿者為誰？」子路曰：「為孔丘。」曰：「是魯孔丘與？」曰：「是也。」曰：「是知津矣。」問於桀溺，桀溺曰：「子為誰？」曰：「為仲由。」曰：

「是魯孔丘之徒與？」對曰：「然。」曰：「滔滔者天下皆是也，而誰以易之？且而與其從辟人之士也，豈若從辟世之士哉？」耰而不輟。子路行以告。夫子憮然曰：「鳥獸不可與同群，吾非斯人之徒與而誰與？天下有道，丘不與易也。」

注 沮，七餘反。溺，乃歷反。夫，音扶。與，平聲。徒與之與，平聲。滔，吐刀反。辟，去聲。耰，音憂。憮，音武。與，如字。

注 二人，隱者。耦，並耕也。時孔子自楚反乎蔡。津，濟渡處。

注 執輿，執轡在車也。蓋本子路御而執轡，今下問津，故夫子代之也。知津，言數周流，自知津處。

注 滔滔，流而不反之意。以，猶與也。言天下皆亂，將誰與變易之？而，汝也。辟人，謂孔子。辟世，桀溺自謂。耰，覆種也。亦不告以津處。

▲憮然，猶悵然，惜其不喻己意也。言所當與同群者，斯人而已，豈可絕人逃世以為潔哉？天下若已平治，則我無用變易之。正為天下無道，故欲以道易之耳。

程子曰：「聖人不敢有忘天下之心，故其言如此也。」

張子曰：「聖人之仁，不以無道必天下而棄之也。」

子路從而後，遇丈人，以杖荷蓧。子路問曰：「子見夫子乎？」丈人曰：「四體不勤，五穀不分。孰爲夫子？」植其杖而芸。子路拱而立。止子路宿，殺雞爲黍而食之，見其二子焉。明日，子路行以告。子曰：「隱者也。」使子路反見之。至則行矣。子路曰：「不仕無義。長幼之節，不可廢也；君臣之義，如之何其廢之？欲潔其身，而亂大倫。君子之仕也，行其義也。道之不行，已知之矣。」

注 丈人，亦隱者。蓧，竹器。分，辨也。五穀不分，猶言不辨菽麥爾，責其不事農業而從師遠遊也。植，立之也。芸，去草也。

注 蓧，徒弔反。植，音值。食，音嗣。見，賢遍反。長，上聲。

▲知其隱者，敬之也。

▲孔子使子路反見之，蓋欲告之以君臣之義。而丈人意子路必將復來，故先去之以滅其跡，亦接輿之意也。

▲子路述夫子之意如此。蓋丈人之接子路甚倨，而子路益恭，丈人因見其二子焉。則於長幼之節，固知其不可廢矣，故因其所明以曉之。倫，序也。人之大倫有五：父子有親，君臣有義，夫婦有別，長幼有序，朋友有信是也。仕所以行君臣之義，故雖知道之不行而不可廢。然謂之義，則事之可否，身之去就，亦自有不可苟者。是以雖不潔身以亂倫，亦非忘義以殉祿也。福州有國初時寫本，路下有「反子」二字，以此為子路反而夫子言之也。未知是否？

范氏曰：「隱者為高，故往而不反。仕者為通，故溺而不止。不與鳥獸同群，則決性命之情以饕富貴。此二者皆惡也，是以依乎中庸者為難。惟聖人不廢君臣之義，而必以其正，所以或出或處而終不離於道也。」

逸民：伯夷、叔齊、虞仲、夷逸、朱張、柳下惠、少連。子曰：「不降其志，不辱其身，伯夷、叔齊與！」謂：「柳下惠、少連，降志辱身矣。言中倫，行中慮，其斯而已矣。」謂：「虞仲、夷逸，隱居放言。身中清，廢中權。我則異於是，無可無不可。」

注 少，去聲，下同。與，平聲。中，去聲，下同。

注 逸，遺逸。民者，無位之稱。虞仲，即仲雍，與大伯同竄荊蠻者。夷逸、朱張，不見經傳。少連，東夷人。

▲柳下惠事見上。倫，義理之次第也。慮，思慮也。中慮，言有意義合人心。少連事不可考。然《記》稱其「善居喪，三日不怠，三月不解。期悲哀，三年憂。」則行之中慮，亦可見矣。

▲仲雍居吳，斷髮文身，裸以為飾。隱居獨善，合乎道之清。放言自廢，合乎道之權。

孟子曰：「孔子可以仕則仕，可以止則止，可以久則久，可以速則速。」所謂無可無不可也。

謝氏曰：「七人隱遯不汙則同，其立心造行則異。伯夷、叔齊，天子不得臣，諸侯不得友，蓋已遯世離群矣，下聖人一等，此其最高與。柳下惠、少連，雖降志而不枉己，雖辱身而不求合，其心有不屑也。故言能中倫，行能中慮。虞仲、夷逸隱居放言，則言不合先王之法者多矣。然清而不汙也，權而適宜也，與方外之士害義傷教而亂大倫者殊科。是以均謂之逸民。」

尹氏曰：「七人各守其一節，而孔子則無可無不可，此所以常適其可，而異於逸民之徒也。」揚雄曰：「觀乎聖人則見賢人。是以孟子語夷、惠，亦必以孔子斷之。」

大師摯適齊，亞飯干適楚，三飯繚適蔡，四飯缺適秦。鼓方叔入於河，播鼗武入於漢，少師陽、擊磬襄入於海。

注 大，音泰。飯，扶晚反。繚，音了。鼗，徒刀反。少，去聲。

注 大師，魯樂官之長。摯，其名也。

注 亞飯以下，以樂侑食之官。干、繚、缺，皆名也。

注 鼓，擊鼓者。方叔，名。河，河內。

注 播，搖也。鼗，小鼓。兩旁有耳，持其柄而搖之，則旁耳還自擊。武，名也。漢，漢中。

▲少師，樂官之佐。陽、襄，二人名。襄即孔子所從學琴者。海，海島也。此記賢人之隱遯以附前章，然未必夫子之言也。末章放此。

張子曰：「周衰樂廢，夫子自衛反魯，一嘗治之。其後伶人賤工識樂之正。及魯益衰，三桓僭妄，自大師以下，皆知散之四方，逾河蹈海以去亂。聖人俄頃之助，功化如此。如有用我，期月而可。豈虛語哉？」

周公謂魯公曰：「君子不施其親，不使大臣怨乎不以。故舊無大故，則

不棄也。無求備於一人。」

注 施，陸氏本作弛，詩紙反。福本同。

▲魯公，周公子伯禽也。弛，遺棄也。以，用也。大臣非其人則去之，在其位則不可不用。大故，謂惡逆。

李氏曰：「四者皆君子之事，忠厚之至也。」

胡氏曰：「此伯禽受封之國，周公訓戒之辭。魯人傳誦，久而不忘也。其或夫子嘗與門弟子言之歟？

周有八士：伯達、伯適、仲突、仲忽、叔夜、叔夏、季隨、季騧。

注 騧，烏瓜反。

或曰：「成王時人」，或曰：「宣王時人」。蓋一母四乳而生八子也，然不可考矣。

張子曰：「記善人之多也。」

愚按：此篇孔子於三仁、逸民、師摯、八士，既皆稱讚而品列之，於接輿、沮、溺、丈人，又每有惓惓接引之意。皆衰世之志也，其所感者深矣。在陳之歎，蓋亦如此。三仁則無間然矣，其餘數君子者，亦皆一世之高士。若使得聞聖人之道，以裁其所過而勉其所不及，則其所立，豈止於此而已哉？

子張第十九

解題

本篇體例，在《論語》中最爲特殊。本篇共有二十五章，所記都是孔子弟子的言論，沒有孔子或其他人物的言行記載。本篇所記孔門弟子包括子張、子夏、子游、曾子、子貢等五人，其中子張所言有二章，子夏十一章，子游二章，曾子四章，子貢六章，各成段落，依次論列，毫無錯置，而以子張所言居首，故以「子張」名篇。這樣整齊的體例，顯然經過刻意的整理，是故皇侃《論語義疏》言本篇可以「大分爲五段，總明弟子稟仰，記言行皆可軌則。」錢穆《論語新解》則云：「本篇皆記門弟子之言。蓋自孔子歿後，述遺教以誘後學，以及同門相切磋，以其能發明聖義，故編者集爲一篇，以置論語之後。無顏淵、子路諸人語，以其歿在前。」說皆可從。

在本篇中，子張所言主要是「士」的標準及道德。「見危致命」強調遇見危難時，要勇於犧牲生命，蓋即孔子「殺身以成仁」（〈衛靈公〉篇）之意。「見得思義」強調臨利則思天下之公義，「見危致命」與「見得思義」兩者，其實亦見於〈憲問〉篇孔子之言（子路問成人，孔子言：「見利思義，見危授命，久要不忘平生之言，亦可以爲成人矣。」）「祭思敬」、「喪思哀」之說，則可見於

〈八佾〉、〈季氏〉等篇孔子所言。可見子張的確是紹述孔子之言以教弟子。

本篇所記子夏與子貢之言，略多於其他孔門弟子，朱子《論語集注》推測說這是因爲「蓋孔門自顏子以下，穎悟莫若子貢；自曾子以下，篤實無若子夏。故特記之詳焉。」本篇所記子夏之言，約有三端，有與子張論交友之異，子夏主張謹慎擇交，子張則認爲要廣泛建交，而以子夏所言，當較接近孔子「無友不如己者」之說（〈學而〉篇）。又記子夏論爲學，子夏主張「洒掃應對進退」的「小道」也應該學，只是「致遠恐泥」，故不能局限於這些「小道」的學習，而要能「博學而篤志，切問而近思」。又主張「百工居肆以成其事，君子學以致其道。」強調君子必須透過學習才能掌握眞理。在學習的方法上，子夏則主張「日知其所亡，月無忘其所能」，強調要追求新知，又要能溫故知新。又記子夏論君子，強調君子透過內在修養，展現出莊重嚴肅，溫文爾雅，言詞嚴正的外在風貌，以誠信交於民，亦以誠信事於君，聞過必改，而不會文過飾非，但能在生活規則上，保有一定的彈性。

本篇所記子貢之言，則有論紂一章，提醒我們要惡居下流，以免眾惡歸之。論過一章，主張君子的過錯就像日蝕月蝕，無須遮掩，強調不必怕犯錯，而要能改過。褒贊孔子四章，贊孔子學無常師，又贊其學如萬仞宮牆，喻孔子如日月之不可踰，如天之不可階而升。子貢是孔門言語科的高才弟子，此篇所記子貢之言，大抵均是透過形象化的譬喻來說明自己的想法，在言語技巧的展現上，很值得我們留意。

其他尚有子游之言兩章，一章論喪致乎哀，一章評論子張「未仁」。曾子之言四章，其中一章也是評論子張「難與並爲仁」，另有論孝兩章，論情與法的關係一章。

從〈季氏〉篇以下，我們可以看到《論語》最末這幾篇的敘事方法、記載內容、人物重點與前幾篇明顯不同，這未必代表這幾篇的內容全不可信，但在資料的取捨上，應該要仔細檢索，明其純駁，以免厚誣古人，徒增困擾。

此篇皆記弟子之言，而子夏為多，子貢次之。蓋孔門自顏子以下，穎悟莫若子貢；自曾子以下，篤實無若子夏。故特記之詳焉。凡二十五章。

子張曰：「士見危致命，見得思義，祭思敬，喪思哀，其可已矣。」

▲致命，謂委致其命，猶言授命也。四者立身之大節，一有不至，則餘無足觀。故言士能如此，則庶乎其可矣。

子張曰：「執德不弘，信道不篤，焉能爲有？焉能爲亡？」

注 焉，於虔反。亡，讀作無，下同。

▲有所得而守之太狹，則德孤；有所聞而信之不篤，則道廢。焉能為有無，猶言不足為輕重。

子夏之門人問交於子張。子張曰：「子夏云何？」對曰：「子夏曰：『可者與之，其不可者拒之。』」子張曰：「異乎吾所聞，君子尊賢而容眾，嘉善而矜不能。我之大賢與，於人何所不容？我之不賢與，人將拒我，如之何其拒人也？」

注 賢與之與，平聲。

▲子夏之言迫狹，子張譏之是也，但其所言亦有過高之病。蓋大賢雖無所不容，然大故亦所當絕，不賢固不可以拒人，然損友亦所當遠。學者不可不察。

子夏曰：「雖小道，必有可觀者焉。致遠恐泥，是以君子不爲也。」

注 泥，去聲。

▲小道，如農圃醫卜之屬。泥，不通也。

楊氏曰：「百家眾技，猶耳目鼻口，皆有所明而不能相通。非無可觀也，致遠則泥矣，故君子不為也。」

子夏曰：「日知其所亡，月無忘其所能，可謂好學也已矣。」

注 亡，讀作無。好，去聲。

注 亡，無也。謂己之所未有。

尹氏曰：「好學者日新而不失。」

子夏曰：「博學而篤志，切問而近思，仁在其中矣。」

▲四者皆學問思辨之事耳，未及乎力行而為仁也。然從事於此，則心不外馳，而所存自熟，故曰仁在其中矣。

程子曰：「博學而篤志，切問而近思，何以言仁在其中矣？學者要思得之。了此，便是徹上徹下之道。」

又曰：「學不博則不能守約，志不篤則不能力行。切問近思在己者，則仁在其中矣。」

又曰：「近思者以類而推。」

蘇氏曰：「博學而志不篤，則大而無成；泛問遠思，則勞而無功。」

子夏曰：「百工居肆以成其事，君子學以致其道。」

▲肆，謂官府造作之處。致，極也。工不居肆，則遷於異物而業不精。君子不學，則奪於外誘而志不篤。

尹氏曰：「學所以致其道也。百工居肆，必務成其事。君子之於學，可不知所務哉？」

愚按：二說相須，其義始備。

子夏曰：「小人之過也必文。」

注 文，去聲。

▲文，飾之也。小人憚於改過，而不憚於自欺，故必文以重其過。

子夏曰：「君子有三變：望之儼然，即之也溫，聽其言也厲。」

▲儼然者，貌之莊。溫者，色之和。厲者，辭之確。
程子曰：「他人儼然則不溫，溫則不厲，惟孔子全之。」
謝氏曰：「此非有意於變，蓋並行而不相悖也，如良玉溫潤而栗然。」

子夏曰：「君子信而後勞其民，未信則以為厲己也；信而後諫，未信則以為謗己也。」

注信，謂誠意惻怛而人信之也。厲，猶病也。事上使下，皆必誠意交孚，而後可以有為。

子夏曰：「大德不踰閑，小德出入可也。」

▲大德、小德，猶言大節、小節。閑，闌也，所以止物之出入。言人能先立乎其大者，則小節雖或未盡合理，亦無害也。
吳氏曰：「此章之言，不能無弊。學者詳之。」

子游曰：「子夏之門人小子，當灑掃、應對、進退，則可矣。抑末也，本之則無。如之何？」子夏聞之曰：「噫！言游過矣！君子之道，孰先傳焉？孰後倦焉？譬諸草木，區以別矣。君子之道，焉可誣也？有始有卒者，其惟聖人乎！」

注 灑，色賣反。掃，素報反。別，必列反。焉，於虔反。

▲子游譏子夏弟子，於威儀容節之間則可矣。然此小學之末耳，推其本，如大學正心誠意之事，則無有。

▲倦，如誨人不倦之倦。區，猶類也。言君子之道，非以其末為先而傳之，非以其本為後而倦教。但學者所至，自有淺深，如草木之有大小，其類固有別矣。若不量其淺深，不問其生熟，而概以高且遠者強而語之，則是誣之而已。君子之道，豈可如此？若夫始終本末一以貫之，則惟聖人為然，豈可責之門人小子乎？

程子曰：「君子教人有序，先傳以小者近者，而後教以大者遠者。非先傳以近小，而後不教以遠大也。」

又曰：「灑掃應對，便是形而上者，理無大小故也。故君子只在慎獨。」

又曰：「聖人之道，更無精粗。從灑掃應對，與精義入神貫通只一理。雖灑掃應對，只看所以然如何。」

又曰：「凡物有本末，不可分本末為兩段事。灑掃應對是其然，必有所以然。」

又曰：「自灑掃應對上，便可到聖人事。」

愚按：程子第一條，說此章文意，最為詳盡。其後四條，皆以明精粗本末。其分雖殊，而理則一。學者當循序而漸進，不可厭末而求本。蓋與第一條之意，實相表裡。非謂末即是本，但學其末而本便在此也。

子夏曰：「仕而優則學，學而優則仕。」

▲優，有餘力也。仕與學理同而事異，故當其事者，必先有以盡其事，而後可及其餘。然仕而學，則所以資其仕者益深；學而仕，則所以驗其學者益廣。

子游曰：「喪致乎哀而止。」

▲致極其哀，不尚文飾也。楊氏曰：「『喪，與其易也寧戚』，不若禮不足而哀有餘之意。」愚按：「而止」二字，亦微有過於高遠而簡略細微之弊。學者詳之。

子游曰：「吾友張也，爲難能也。然而未仁。」

▲子張行過高，而少誠實惻怛之意。

曾子曰：「堂堂乎張也，難與並爲仁矣。」

▲堂堂，容貌之盛。言其務外自高，不可輔而為仁，亦不能有以輔人之仁也。范氏曰：「子張外有餘而內不足，故門人皆不與其為仁。子曰：『剛、毅、木、訥近仁。』寧外不足而內有餘，庶可以為仁矣。」

曾子曰：「吾聞諸夫子，人未有自致者也，必也親喪乎！」

注 致，盡其極也。蓋人之真情所不能自已者。

尹氏曰：「親喪固所自盡也，於此不用其誠，惡乎用其誠。」

曾子曰：「吾聞諸夫子，孟莊子之孝也，其他可能也；其不改父之臣，與父之政，是難能也。」

▲孟莊子，魯大夫，名速。其父獻子，名蔑。獻子有賢德，而莊子能用其臣，守其政。故其他孝行雖有可稱，而皆不若此事之為難。

孟氏使陽膚為士師，問於曾子。曾子曰：「上失其道，民散久矣。如得其情，則哀矜而勿喜。」

注 陽膚，曾子弟子。民散，謂情義乖離，不相維繫。

謝氏曰：「民之散也，以使之無道，教之無素。故其犯法也，非迫於不得已，則陷於不知也。故得其情，則哀矜而勿喜。」

子貢曰：「紂之不善，不如是之甚也。是以君子惡居下流，天下之惡皆歸焉。」

注 惡居之惡，去聲。

▲下流，地形卑下之處，眾流之所歸。喻人身有汙賤之實，亦惡名之所聚也。子貢言此，欲人常自警省，不可一置其身於不善之地。非謂紂本無罪，而虛被惡名也。

子貢曰：「君子之過也，如日月之食焉：過也，人皆見之；更也，人皆仰之。」

注 更，平聲。

衛公孫朝問於子貢曰：「仲尼焉學？」子貢曰：「文武之道，未墜於地，在人。賢者識其大者，不賢者識其小者，莫不有文武之道焉。夫子焉不學？而亦何常師之有？」

注 朝，音潮。焉，於虔反。識，音志。下焉字，於虔反。

注 公孫朝，衛大夫。

▲文、武之道，謂文王、武王之謨訓功烈，與凡周之禮樂文章皆是也。在人，言人有能記之者。識，記也。

叔孫武叔語大夫於朝，曰：「子貢賢於仲尼。」子服景伯以告子貢。子貢曰：「譬之宮牆，賜之牆也及肩，窺見室家之好。夫子之牆數仞，不得其門而入，不見宗廟之美，百官之富。得其門者或寡矣。夫子之云，不亦宜乎！」

注 語，去聲。朝，音潮。

注 武叔，魯大夫，名州仇。

▲牆卑室淺。

▲七尺曰仞。不入其門，則不見其中之所有，言牆高而宮廣也。

▲此夫子，指武叔。

叔孫武叔毀仲尼。子貢曰：「無以爲也，仲尼不可毀也。他人之賢者，丘陵也，猶可踰也；仲尼，日月也，無得而踰焉。人雖欲自絕，其何傷於日月乎？多見其不知量也！」

注 量，去聲。

▲無以為，猶言無用為此。土高曰丘，大阜曰陵。日月，踰其至高。自絕，謂以謗毀自絕於孔子。多，與祇同，適

也。不知量，謂不自知其分量。

陳子禽謂子貢曰：「子爲恭也，仲尼豈賢於子乎？」子貢曰：「君子一言以爲知，一言以爲不知，言不可不慎也。夫子之不可及也，猶天之不可階而升也。夫子之得邦家者，所謂立之斯立，道之斯行，綏之斯來，動之斯和。其生也榮，其死也哀，如之何其可及也。」

注 知，去聲。道，去聲。
▲為恭，謂為恭敬推遜其師也。
▲責子禽不謹言。
注 階，梯也。大可為也，化不可為也，故曰不可階而升。
▲立之，謂植其生也。道，引也，謂教之也。行，從也。綏，安也。來，歸附也。動，謂鼓舞之也。和，所謂於變時雍。言其感應之妙，神速如此。榮，謂莫不尊親。哀，則如喪考妣。
程子曰：「此聖人之神化，上下與天地同流者也。」
謝氏曰：「觀子貢稱聖人語，乃知晚年進德，蓋極於高遠也。夫子之得邦家者，其鼓舞群動，捷於桴鼓影響。人雖見其變化，而莫窺其所以變化也。蓋不離於聖，而有不可知者存焉，此殆難以思勉及也。」

堯曰第二十

解題

本篇仍以篇首「堯曰」兩字爲篇名，共有三章。但自古以來，本篇之章句分合頗多異說。魯《論語》無「不知命」章，古《論語》以「子張問」以下兩章別爲一篇，卻仍名爲〈子張〉篇，等於有兩〈子張〉篇。劉寶楠《論語正義》言：「蓋《論語》自微子篇，說夫子之言已訖，故子張篇皆記弟子之言，至此更搜集夫子遺語，綴於冊末。而有兩篇者，以《論語》非一人所撰，兩篇皆更待裒錄，而未有所得。故堯曰只一章，子張只二章也。此眞孔壁之舊，其合併爲一篇，則齊魯家學者爲之矣。」劉氏之說，除了概敘本篇章句分合之因，更主張此篇是尙未編輯完成的篇章，只宜視爲《論語》的附編。

就本篇之內容而言，首章自「堯曰」到「在予一人」，以類似《尙書》的筆法，歷敘堯、舜、禹、湯、周武王治國之大端，並明其治世之傳承。「謹權量，審法度，修廢官，四方之政行焉」句，亦見於《漢書．律曆志》，且在《漢書》該句上冠有「孔子陳後王之法曰」等文字，故歷來注解此章者，遂以「謹權量」至章末，俱爲孔子之言。其內容亦爲二帝三王施政之要。次章記子張問從政之道，孔子告訴他要「尊五美」——惠而不費、勞而不怨、欲而不貪、泰而不驕、威而不猛，「屏四惡」——不教而殺、不戒視成、慢令致期、出納之吝，並解釋其中的原因。末章記孔子之言，以立命、安身、知人爲君子修身之要務，可以視爲本篇內容之概括，亦可視爲《論語》全書的總結。

凡三章。

堯曰：「咨！爾舜！天之曆數在爾躬。允執其中。四海困窮，天祿永終。」舜亦以命禹。曰：「予小子履，敢用玄牡，敢昭告於皇皇后帝：有罪不敢赦。帝臣不蔽，簡在帝心。朕躬有罪，無以萬方；萬方有罪，罪在朕躬。」周有大賚，善人是富。「雖有周親，不如仁人。百姓有過，在予一人。」謹權量，審法度，修廢官，四方之政行焉。興滅國，繼絕世，舉逸民，天下之民歸心焉。所重：民、食、喪、祭。寬則得眾，信則民任焉，敏則有功，公則說。

注 賚，來代反。說，音悅。

▲此堯命舜，而禪以帝位之辭。咨，嗟歎聲。曆數，帝王相繼之次第，猶歲時氣節之先後也。允，信也。中者，無

過不及之名。四海之人困窮，則君祿亦永絕矣，戒之也。

▲舜後遜位於禹，亦以此辭命之。今見於《虞書．大禹謨》，比此加詳。此引《商書．湯誥》之辭。蓋湯既放桀而告諸侯也。與《書》文大同小異。曰上當有湯字。履，蓋湯名。用玄牡，夏尚黑，未變其禮也。簡，閱也。言桀有罪，己不敢赦。而天下賢人，皆上帝之臣，己不敢蔽。簡在帝心，惟帝所命。此述其初請命而伐桀之辭也。又言君有罪非民所致，民有罪實君所為，見其厚於責己薄於責人之意。此其告諸侯之辭也。

▲此以下述武王事。賚，予也。武王克商，大賚於四海。見《周書．武成》篇。此言其所富者，皆善人也。〈詩序〉云「賚所以錫予善人」，蓋本於此。

▲此《周書．太誓》之辭。

孔氏曰：「周，至也。言紂至親雖多，不如周家之多仁人。」

注 權，稱錘也。量，斗斛也。法度，禮樂制度皆是也。

▲興滅繼絕，謂封黃帝、堯、舜、夏、商之後。舉逸民，謂釋箕子之囚，復商容之位。三者皆人心之所欲也。

《武成》曰：「重民五教，惟食喪祭。」

▲此於武王之事無所見，恐或泛言帝王之道也。

楊氏曰：「《論語》之書，皆聖人微言，而其徒傳守之，以明斯道者也。故於終篇，具載堯舜咨命之言，湯武誓師之意，與夫施諸政事者。以明聖學之所傳者，一於是而已。所以著明二十篇之大旨也。《孟子》於終篇，亦歷敘堯、舜、湯、文、孔子相承之次，皆此意也。」

子張問於孔子曰：「何如斯可以從政矣？」子曰：「尊五美，屏四惡，斯可以從政矣。」子張曰：「何謂五美？」子曰：「君子惠而不費，勞而不怨，欲而不貪，泰而不驕，威而不猛。」子張曰：「何謂惠而不費？」子曰：「因民之所利而利之，斯不亦惠而不費乎？擇可勞而勞之，又誰怨？欲仁而得仁，又焉貪？君子無眾寡，無小大，無敢慢，斯不亦泰而不驕乎？君子正其衣冠，尊其瞻視，儼然人望而畏之，斯不亦威而不猛乎？」子張曰：「何謂四惡？」子曰：「不教而殺謂之虐；不戒視成謂之暴；慢令致期謂之賊；猶之與人也，出納之吝，謂之有司。」

注 費，芳味反。焉，於虔反。出，去聲。

▲虐，謂殘酷不仁。暴，謂卒遽無漸。致期，刻期也。賊者，切害之意。緩於前而急於後，以誤其民，而必刑之，是賊害之也。猶之，猶言均之也。均之以物與人，而於其出納之際，乃或吝而不果。則是有司之事，而非為政之體。所與雖多，人亦不懷其惠矣。項羽使人，有功當封，刻印刓，忍弗能予，卒以取敗，亦其驗也。尹氏曰：「告問政者多矣，未有如此之備者也。故記之以繼帝王之治，則夫子之為政可知也。」

子曰：「不知命，無以爲君子也。不知禮，無以立也。不知言，無以知人也。」

程子曰：「知命者，知有命而信之也。人不知命，則見害必避，見利必趨，何以為君子？」

▲不知禮，則耳目無所加，手足無所措。

▲言之得失，可以知人之邪正。

尹氏曰：「知斯三者，則君子之事備矣。弟子記此以終篇，得無意乎？學者少而讀之，老而不知一言為可用，不幾於侮聖言者乎？夫子之罪人也，可不念哉？」

孔子生平年表

年代	年齡	生平事蹟
西元前五五一年（魯襄公二十二年）	一歲	九月二十八日，孔子在魯國（今山東省曲阜）出生。姓子，氏孔，名丘，字仲尼，後代尊稱其為「孔子」或「孔夫子」。
西元前五四九年（魯襄公二十四年）	三歲	孔子的父親叔梁紇，因為生病而過世。
西元前五四一年（魯昭公元年）	十一歲	魯昭公即位。
西元前五三五年（魯昭公七年）	十七歲	孔子的母親顏徵在過世。
西元前五三三年（魯昭公九年）	十九歲	娶宋國的女子亓官氏為妻。
西元前五三二年（魯昭公十年）	二十歲	長子孔鯉出生，字伯魚。因生活貧困，故出任委吏、乘田等小官。
西元前五二五年（魯昭公十七年）	二十七歲	郯國的國君郯子來朝，孔子向其學古官名。
西元前五二二年（魯昭公二十年）	三十歲	齊景公、晏嬰都來到魯國向孔子問禮。在此前後，孔子開始授徒設教，而子路、曾點、閔損、冉伯牛、冉求、冉雍、顏回、顏無繇、高柴、公西華等弟子先後追隨孔子學習。
西元前五一八年（魯昭公二十四年）	三十四歲	魯國孟僖子過世，其遺願是希望其兩個兒子孟懿子、南宮敬叔拜孔子為師，學禮。
西元前五一七年（魯昭公二十五年）	三十五歲	魯國三個家族一起攻打魯昭公，魯昭公於是逃到齊國，孔子第一次出國剛好在齊國，並在齊國聽到〈韶〉樂，有三個月不知肉味。齊景公也問政於孔子。

西元前五一六年（魯昭公二十六年）	三十六歲	孔子回到魯國。
西元前五一五年（魯昭公二十七年）	三十七歲	吳王壽夢的兒子季札剛好回到齊國，其長子卒，葬嬴博間，孔子於是自魯國到齊國觀其葬禮。
西元前五一二年（魯定公元年）	四十三歲	魯定公即位。
西元前五〇五年（魯定公五年）	四十七歲	魯國的陽貨執季桓子。陽貨欲見孔子，邀其出仕。
西元前五〇二年（魯定公八年）	五十歲	魯國三家攻陽貨，陽貨奔陽關。是年，公山弗擾欲號召孔子。
西元前五〇一年（魯定公九年）	五十一歲	陽貨奔齊。孔子始出仕為官，為魯國的中都宰。
西元前五〇〇年（魯定公十年）	五十二歲	孔子由中都宰升為司空，又任大司寇。後隨魯定公赴夾谷和齊景公相會。
西元前四九八年（魯定公十二年）	五十四歲	孔子的弟子子路為季桓子宰。魯定公聽從孔子的主張墮三都，孔子並以魯國的大司寇攝行相事。但後因墮郈、墮費，又墮成，弗克，孔子墮三都的主張於是停頓。 齊國用以敬獻美女給魯國國君的美人計，讓孔子感到難以施展抱負，毅然離開魯國。
西元前四九七年（魯定公十三年）	五十五歲	孔子開始周遊列國，自此共十四年。 孔子來到衛國，衛國的學者端木賜（字子貢）追隨他。

西元前四九六年（魯定公十四年）	五十六歲	孔子離開衛經過匡城被圍困。晉國的佛肸來召，孔子欲往，不果，重返衛國。
西元前四九五年（魯定公十五年）	五十七歲	見衛靈公夫人南子，在衛國為官。
西元前四九四年（魯哀公元年）	五十八歲	魯哀公即位。衛靈公向孔子請教排兵布陣的方法，孔子遂辭官，準備離開衛國。
西元前四九三年（魯哀公二年）	五十九歲	衛靈公卒，孔子於是離開衛國。
西元前四九二年（魯哀公三年）	六十歲	孔子經曹國、宋國，宋國的司馬桓魋欲殺之，孔子於是微服離去，到了陳國。遂仕於陳。
西元前四八九年（魯哀公六年）	六十三歲	吳國出兵陳國，孔子於是離開陳國，在陳國、蔡國之間被守城士兵圍困，幾乎斷糧，於是在蔡國留下來，見楚葉公。又自葉返陳，自陳返衛。
西元前四八八年（魯哀公七年）	六十四歲	衛出公四年，孔子再出仕於衛國。
西元前四八四年（魯哀公十一年）	六十八歲	齊國發兵攻打魯國，被冉有擊敗。魯國季康子召孔子，孔子於是回到魯國，結束十四年的周遊列國。 晚年，孔子整理典籍並從事講學，有若、曾參、子游、子夏、子張等弟子先後從學。
西元前四八三年（魯哀公十二年）	六十九歲	孔子的兒子孔鯉卒。

西元前四八一年（魯哀公十四年）	七十一歲	孔子的弟子顏回因病過世，孔子很傷心。加上魯哀公西狩獲麟，而麟在孔子看來屬「仁獸」，卻被狩獵捕獲，故孔子原撰寫的《春秋》到此為止，絕筆不再續。
西元前四八〇年（魯哀公十五年）	七十二歲	衛國內亂，孔子的弟子子路也在衛國戰死，讓孔子悲痛欲絕。
西元前四七九年（魯哀公十六年）	七十三歲	孔子病逝，葬於魯城北方的泗水邊。不少弟子為其守墓三年，子貢為其守墓六年。孔子的故居改為廟堂，並從此受到後人的奉祀。 後人因孔子對教育的卓越貢獻，遂將孔子誕辰九月二十八日這一天，訂定為「教師節」。

精進書目

孔子及其弟子著；崇賢書院釋譯，《論語》（春秋），臺灣崇賢館文創有限公司出版，二〇一八年八月。

王邦雄、曾昭旭、楊祖漢，《論語義理疏解》，鵝湖月刊社出版，二〇一八年四月。

余亞斐，《論語譯解》，國家出版社出版，二〇一八年四月。

錢穆著，《論語新解》，東大圖書股份有限公司出版，二〇一八年六月。

（清）焦循著，《論語通釋》，廣文出版，二〇一八年三月。

日常老和尚講述，《論語講記》，圓音有聲出版，二〇一八年二月。

楊樹達，《論語疏證》，吉林出版社出版，二〇一七年二月。

毛子水註譯，《論語今註今譯》，臺灣商務出版，二〇一七年十二月。

（清）康有爲著，《論語注二十卷》，廣西師範大學出版社出版，二〇一六年八月。

韓廷一注釋，《論語新解讀》，臺灣商務出版，二〇一六年八月。

鄭靜若著，《論語鄭氏注輯述》，學海出版，二〇一六年五月。

（清）阮元總纂、（清）孫同元分校，張學謙整理，《論語注疏校勘記》，北京大學出版社出版，二〇一五年十月。

（南宋）朱熹集注，《**論語集注**》，商務印書館出版，二〇一五年十月。
富金壁著，《**論語新編譯注**》，北京大學出版社出版，二〇一五年一月。
畢寶魁著，《**論語鏡銓**》，世界知識出版社出版，二〇一四年五月。
孫欽善著，《**論語本解修訂版**》，生活·讀書·新知三聯書店出版，二〇一三年九月。
曾小平著，《**論語疏譯**》，社會科學文獻出版社出版，二〇一三年十月。
（梁）皇侃撰，高尚榘校點，《**論語義疏十卷**》，中華書局出版，二〇一三年十月。
易鑫鼎著，《**論語集義新編索解**》，首都師範大學出版社出版，二〇一三年七月。
鄒憬譯注，《**論語譯注**》，上海三聯書店出版，二〇一二年十二月。
金良年撰，《**論語譯注**》，上海古籍出版社出版，二〇一二年八月。
樊封撰，《**論語述議**》，廣東人民出版社出版，二〇一二年九月。
和瑞堯著，《**論語譯註評說**》，作家出版社出版，二〇一一年十二月。
（漢）鄭玄撰，（清）勞格輯，《**論語鄭注**》，國家圖書館出版社出版，二〇一〇年七月。

經典名著文庫 101

論語

作　　者 —— 孔子弟子及再傳弟子
注　　疏 —— 朱熹
導　　讀 —— 杜明德
解　　題 —— 杜明德
發 行 人 —— 楊榮川
總 經 理 —— 楊士清
總 編 輯 —— 楊秀麗
文庫策劃 —— 楊榮川
副總編輯 —— 黃惠娟
責任編輯 —— 高雅婷
校對編輯 —— 周雪伶
封面設計 —— 姚孝慈
著者繪像 —— 莊河源
出 版 者 —— 五南圖書出版股份有限公司
　地　址 —— 臺北市大安區 106 和平東路二段 339 號 4 樓
　電　話 —— 02-27055066（代表號）
　傳　眞 —— 02-27066100
　劃撥帳號 —— 01068953
　戶　名 —— 五南圖書出版股份有限公司
　網　址 —— http://www.wunan.com.tw
　電子郵件 —— wunan@wunan.com.tw
法律顧問 —— 林勝安律師事務所　林勝安律師
出版日期 —— 2019 年 11 月初版一刷
定　　價 —— 450 元

國家圖書館出版品預行編目資料

論語 / 孔子弟子及再傳弟子著 . -- 初版 . -- 臺北市 : 五南，
2019.11
　面 ; 公分
ISBN 978-957-763-173-2 (平裝)

1. 論語　2. 注釋

121.222　　107020164